笹餅おばあちゃんの手でつくる暮らし

桑田ミサオ

第3章　十本の指で

第4章　目には見えないもの

くわた・みさお
１９２７年　青森県北津軽生まれ　保育園の用務員を退職後60歳から
つくり始めた笹餅が評判に。75歳で起業。平成22年農山漁村女性・シニ
ア活動表彰農林水産大臣賞　26年度ふるさとづくり大賞総務大臣賞受
賞。令和３年春の旭日単光章受章。現在は笹餅づくりは休止。

第1章　までぇな笹餅

までぇな笹餅

つるんとのどごしがよくて、あっという間にペロリと食べちゃうって、よく言われます。

笹餅のつくり方は母に教えてもらって、自分で少しずつ改良をしながら、ようやくたどり着いたのが、このつくり方です。材料はもち粉、こしあん、砂糖、塩だけ。添加物は一切使っていません。

ボウルの中に全部の材料を入れたらダマができないように手ですり合わせてから、ふるいに通します。

もち粉、こしあんをつくるときも、ふるいに通し、ここでもまたふるいを通す。やればやっただけ舌触りが違ってくるから、手間を省くってことはできないです。

次に水を加えてなめらかになるまで生地をよく練ります。水の量は天気や湿度によって変わってくるので、その日ごとに微調整しながら。そこは長年の勘、たった1滴の水が左右するんです。

泡立て器で全体を混ぜたら、手を使ってさらによく混ぜ合わせていく。手の感触と視覚で、これでいいと判断して練り上げたら、1時間生地を寝かせます。最初のうちは30分でした。1時間にしてみたら餅がうんとまろやかになって、ああ、これだなって。

蒸し布を敷いた蒸し器に生地を移します。これも道具を使わず、手ですくって入れていく。生地をならしながら、蒸気が通る四隅は開けて。

1回に蒸すのは約100個分、1時間、強火で蒸します。生地に火が通ったかの判断は、木製の菜箸を刺してみて確認し、蒸し上がったら大皿に移すんです。ステンレスの四角い蒸し器は重いですよ。それを持ち上げたり、下ろしたり、けっこうな体力もいる。

それで、餅が熱いうちにちぎっていくんです。

親指と人差し指でぎゅっとはさんで。手が真っ赤になるけど、手袋はは き（つけ）ません。それと熱いからといって、手水をつけすぎると餅ので き上がりが違ってくるから最小限で。

1個40gを目安にちぎったら、今度は笹に包んでいきます。

笹のつけ根に餅をのせ、餅を包むように手前から斜めに、三角になるように折りたたんでいく、手早くね。400個つくるので4回蒸すんですよ。時間をずらしながら、蒸したり、包んだりして作業を進めていくので休む暇はないです。ずっと立ちっぱなし。

それで笹に包んだ餅を蒸し器にもう一度入れて、1分ちょっと蒸します。餅がふっくらとして、笹の風味が餅につくんです。笹がより青々として、4〜5日おいしく食べられます。

冷凍しても、ぜんぜん味が変わらないんですよ。よその笹餅は冷凍して解凍すると、べちゃっとなるけど、私のは解凍しても、もっちりとしたまんま。

山に笹採りに行くとき、凍った笹餅をそのまま持っていくんです。ひと休みするころにはちょうどいい具合に解凍されて、つくりたてのようなやわらかさで、自分でもおいしいなって思います。

〝までぇ〟とは手間ひま惜しまず、ていねいにという意味の東北の言葉ですけど、私の笹餅はそのおいしくするためのまでぇな工夫があって、そういう点がみなさんに評価されてきたんだと思います。

人が喜んでくれるなら

津軽平野は米どころで、昔は神様の行事のたびに、いろんな餅をどこのお家でもつくっていたんです。夏は金木八幡神社や熊野宮の宵宮《よいみや》で、働けることへの感謝の気持ちを込めたお祭りがあって、氏神様にしとぎ餅、焼き餅をつくってお供えをしました。

笹は殺菌力があって笹で包むと味が変わりにくく、日持ちするということで、夏場に笹餅がつくられ、昔の人がやってきたことは智恵のかたまりだなって思います。苦労に苦労を重ねてきた智恵なんだって。

いまでも思い出すと涙が出るけど、地域の女性の会の人たちと特別養護老人ホームに粟餅を120個ほどつくって慰問に行ったことがあって「これ喜んでもらえるかな、食べてみてくださいね」と粟餅を手渡すと、おばあちゃん二人がニコニコして、そのうち涙を流されて。おらたちもつくっていたなぁと思い出したんでしょうね、餅っこひとつでこんなに喜んでくれるんだば、一生続けようって思った。

当時、無人販売所では粟餅を販売する人が何人かいて、じゃあ、私は笹餅に切り替えようと。笹餅のつくり方は母から教わりました。七夕のときに母は笹餅をつくっていたから。でも、母はあんともち粉を混ぜた生地を笹に包んで蒸していたので、時間がたつと餅はかたくなるし、笹も茶色くなってしまって。

どうすれば時間がたっても餅がかたくならず、青々とした笹の色が保てるかなって、試行錯誤しながらようやく納得できるものになるまで5年ぐらいかかりました。だけど、もっとおいしくする工夫がほかにあるんじゃないかって、いつも、いつも、考えながら作業をしていました。

私の笹餅は、もち米を粉に挽いたり、笹を採りに行ったり、あんこをつくったり、全部ひとりでやっているので手間と時間がかかるんですよ。でも「おいしい」と言ってもらえれば、こんなうれしいことはなくて。

それで75歳のときに起業することになったのは、地元で開店するスーパーからうちで販売させてくださいとお願いされたからで。何をどうすればいいのか、まったくわからない、それで保健所に行って相談し、会社登録やいろんな手続きを行い、息子には加工所をつくってもらいました。

最初、息子は私の商いに反対で「儲けになんねぇべぇ。やめとけ。ずっと働いてきたんだから、ゆっくり休めばいい」って。私は儲かんなくていい、人が喜んでくれればいい、お客さんと会話して楽しむんだと納得してもらって95歳になるまで続けてきました。

笹の葉っぱ

山の料理会に入っている方から、どこどこの山さ、いい笹があるからって教えてくれて、ありがたいなといつも感謝します。私が山に入るときは8キロ先まで自転車こいで、いい笹を求めてあちこち歩き回って採ってくるんです。この辺りの笹は5種類あって、餅が包みやすい幅の広い笹は3種類。道路のそばは笹を売る業者の方に採られてしまって、だから奥へ奥へと入る、孫はそんな笹採りの大変さを知っていて手伝ってくれます。6

月から9月の間に1年分の笹採りをするんですよ。

山から笹を採ってくると1枚、1枚ハサミを入れて、大きさをそろえます。それから水で洗う。いろいろな粉がついているから軍手をはめた手で葉の表面をこすって落とします。こうやって洗っていると笹からも色が出るんですよ、青じゃなくて黒い色。ゆすいだらザルに立てかけて水けをきり、真空パックにして冷凍しておきます。だいたい1袋100枚くらい入れて。笹は冷凍しても色が変わらないから、こうやっておけばいつでも使えます。市販されている笹もあって、この辺では10枚で60円くらい。もし、笹を買っていたら材料費がかかって、2個入り200円の値段じゃ売れないですよ。私はだれにでも買える値段で売りたいと思っているから、自分ができることは何でもこうしてやっているんです。

今年の笹はあまり質がよくなくて、天候のせいなのかな。じゃがいもは小さいし、白菜もよく育たなくて、食用菊もぜんぜんダメだって聞くし。笹がわずかでも茶色くなっているところはハサミで切り落とします。食べる人はそれほど気にならないみたいだけど、私は商品としてそれは絶対ダメと思っているから。

お客さんが「ミサオおばあちゃんは、笹から違う」って言うんです。それがほんとうなのかわからないけど、もしほんとうなら、うれしい。けど、それがもし悪かったら大変だと思うから、前以上に気をつけて気を引き締めないといけないって思います。

〈笹茶のこと〉

「桑田さんの笹餅、葉っぱから違うべぇ」と言われる。いまの自分があるのは、このたいした熊笹に恵まれたからなんだなって感謝の思いがあるから、1枚だってむだになんかできないっていう気持ちになる。

ほんと、この笹はいいと思う。だから食べ終わった笹餅の笹はお茶にして飲んでもいいよ。いわゆる薬草茶だね。湯に浸しておけば笹についた餅がするっと落ちる。それを乾かして、繊維に沿うように手で縦に割くの。軽くもんで急須に入れれば、飲んだあと捨てるのも簡単だよ。ハサミできざむ手間もいらない。味はそれほどないけど、クセもなくて飲みやすい。

テレビで何の食べ物が、体にどういいのかとかやっているでしょ。

笹は血をきれいにする力があるとかって、テレビで紹介していたけど。私は小さいときから持病持ちで、おなかが痛くなれば病院で診てもらって薬を飲んでいたけど、薬がなくなると、母が山から摘んできたセンブリを煎じて飲まされてた。それが苦くて、苦くて……、あれ、体に効いたのかな。昔の人は実際にやっていいと思うから、それを伝え残してくれたんだもんね。

桑田ミサオさんの笹もち工房。
笹餅づくりは早朝６時ごろから始まる。

片手に軍手をはめ、葉の表面をていねいに洗う。
1枚ずつ確認しながら水分をふき取っていく。

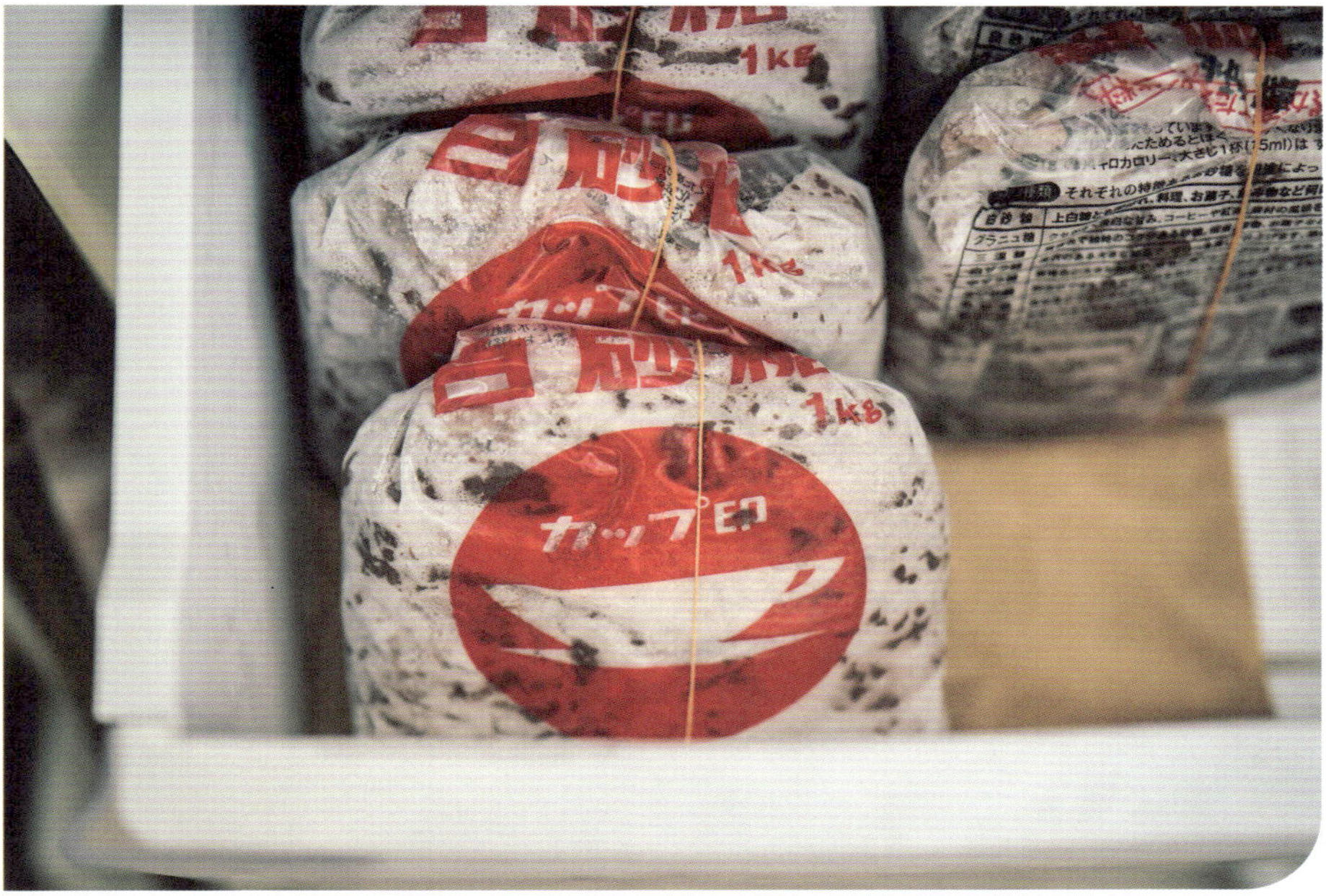

こしあんは時間のあるときにまとめてつくり、冷凍庫にストック。
砂糖の空き袋を再利用し、こしあんを１キロずつ詰めて冷凍。

笹餅の材料すべてをボウルの中へ。
材料の割合は、もち粉１、砂糖１、こしあん 0.5、塩少々。

こしあん、砂糖はダマになりやすいので、
手をすり合わせながら全体をなじませていく。

ダマをなくすためにザルに通し、サラサラ状にする。
このひと手間によって仕上がりが違ってくる。

水を少しずつ加えながら混ぜ合わせていく。
長年の経験から水を計量しなくてもその適量加減がわかる。

手を使って、ていねいに練っていく。
生地の様子がどんどん変化していく。

1時間、寝かしたあとの生地。
寝かすことで、餅の舌触りがよりなめらかになる。

生地を手ですくって蒸し器に移す。
蒸気が通るように四隅を開け、平らで均一になるように入れる。

強火で１時間ほど蒸す。
木製の菜箸を使って火の通り具合を確認する。

大皿に移し、熱いうちに餅をちぎって丸める。
手水は必要最小限。1回1回手をぬらしていると
仕上がりに違いが出てしまう。

手早く餅を笹で包んでいく。
葉のつけ根にお餅をのせ、三角になるように包む。

包んだ餅を蒸し器に並べ、強火で１分蒸して殺菌する。
笹の色が青々と仕上がり、笹の香りも餅にしみ込む。

蒸し器から取り出し、並べ置いて粗熱を取る。
冷めたら袋詰めに。

ミサオおばあちゃんの「笹餅」、1組2個入り。
開店とともにすぐ完売するほどの人気ぶりだった。

粉は二度挽き

青森市内のホテルの人がここにおいでになったとき、私には直接言わなかったけど「桑田さんのつくる笹餅の秘密は粉にあるんだよ。ああいう粉使っていたら、とても商売にならない。あのレベルの粉を使うとなれば1キロ千円くらいになるよ」と言ったそうです。

笹餅をつくり始めた最初のころ、粉は粉挽き屋さんに挽いてもらっていました。30キロ入りのもち米を2袋ずつ持ち込んで。そしたらある日、はっとすることが起こって。袋からダマになって固まった粉が混じって出てきたんです。

あれ？　なんだべ。

わざとじゃなく、時間がたって固まったのが奥のほうからかき出され、それが混じってしまったんじゃないかなって。そのときはいつもの倍、4袋のもち米を挽いてもらっていたから。粉屋さんにはそのことに対して、こちらからは何も言わなかったけど、これは神様が自分で粉に挽きなさいっていうことじゃないかって、そう受け取ったの。

それで機械の修理をしている人に相談しました。米を粉に挽く機械はあるの？って。家庭用なら3〜4万出せば買えるよ。でも、2袋を一度に挽くとなれば少し性能がいいものがいいだろうと10万円ぐらいの機械を取り寄せてもらって、使い方を教えてもらいながら挽いてみました。

「もう少し、粉が細かいといいんだけどな」

「じゃあ、2回挽けばいい粉、できるぞ」

最初から細かく挽くと詰まりやすいから1回目はやや粗め、2回目は細かくすればいいって。はじめのころ、ちょくちょく様子を見に来てくれて、機械の調子が悪くなれば、また電話をかけて来てもらって。

なにしろ2袋のもち米を2回挽いてから粉をふるうと、作業は1日がかり。大変です。でもね、粉を細かくすればするほど餅はきめ細やかで、食べれば確実に味が違う。だから粉をふるう手が痛くなろうと、どんなに手間がかかろうと、ずっとこのやり方を通してきました。

実は粉屋さんに2回挽いてほしいとお願いしたこともあったんですよ。うちではそこまでできないと言われてしまって。1升（1.5キロ）を挽いてもらうと200円、2回挽けば400円かかる。そうなるとやっぱり自分で挽くのがいいとなって。私の使う粉を見てホテルの人が言った言葉は、見る人が見れば、やっぱり、わかるんだなって思いました。

仕事が仕事を教えてくれる

笹餅づくりを教えに来てもらえませんかと言われれば、「はい」とふたつ返事で、どこの講習会へでも出かけていきました。菓子教室をやっている人、和菓子屋をやっている人が見せてくださいと工房に訪ねてくれれば、どうぞ、どうぞと。それで、いつもやっている通りにつくって見せて。

でも、なかには企業秘密があるに決まっているって言う方もいて「そういうこと絶対ありません。ミサオおばあちゃんはすべてを教えているんです」と本気になって言ってくれるお弟子さんもいます。

それで見た人が帰ってからつくられて、「うまくいかないんです」と電話がくることもあるんですよ。「どういう蒸し器を使っていますか?」「丸いやつです」じゃあ、これこれ、こうしてみてくださいとアドバイスをして、もしだめだったら、またお電話くださいと。使う粉が違うし、水も違う、それに道具も違う、一回でうまくやろうとしても、それは無理よと思うんです。何度も繰り返しやってみて、自分の笹餅をつくり上げてくださいと。

私もあるとき、母に言ったんです。「なかなかできねえじゃ」と。

「そんなことないよ、仕事を一生懸命やろうとすれば、仕事が仕事を教えてくれるんだから、やってごらん。やればいいんだ。あきらめれば、もうそれっきりだ。それを肝に命じて過ごしなさい」

いまも忘れられない言葉で、親の言うことは千にひとつのむだもないと昔の人は言ったけど、ほんと、そうだなって。

よく失敗は成功のもとって言うけど、いくら失敗しても、失敗することをおそれれば何もできない、その言葉は真実だと思います。ノーベル賞をもらった偉い先生の話なんかを聞いていても、なんぼ研究してやってもダメで、あきらめて使ったものを洗っていたら偶然、その光が出て、それがチャンスになったって。偉い人であってもそうなんだから、たとえノーベル賞のようなりっぱなものを目指さなくとも、真剣に取り組まないといい結果は得られないし、あきらめずに続けることが大事なんだと思います。

ここへ訪ねてきた菓子職人の方から「今日はどうもありがとうございます。今日ほど参考になった日はありません」と言われて、お世辞と思いつつ、ありがたいなと。果たしてこのやり方でいいのかなって考えたりもしますけど。

まさか90歳を過ぎてね、95歳になるまで笹餅をつくるとはね、夢のようだな……。いや、夢でもないわよ、夢でもそんないい夢はめったに見せてくれないもの。

こしあんのこと

「桑田さん、いついつ講習会やりたいけど、こしあんづくりから教えてくれるか、できるか？」「ああ、いいよ。じゃあ、小豆を煮て、そのこし方をお見せすれば、いいんでしょ」「そうしてくれれば、ものすごく助かるんだけど、みんな、それが見たいって言うんだ」

おいしい笹餅をつくる秘訣は、すっきりと雑味のないこしあんをつくることだと思っています。

こしあんは時間と手間がかかるので、つくれるときにまとめてつくっておくんです。年が明け、保存しておいた笹の葉がなくなるころ、集中的につくって冷凍保存しておくの。使うときは笹餅をつくる前の日に冷凍庫から出して常温でゆっくり解凍させます。

小豆は地元のもの、自分でも小豆を育てていたときもありました。夜が明けると畑の様子を見に行って、だけどそこまで手がまわらなくなってしまって。この辺の農家さんは自分の家で食べる分用に小豆を育てている人が多くて、ていねいに栽培するので質もいいんですよ。そういう小豆を買わせてもらっているから、あんこの味もおいしくなるんだと思います。

〈こしあんをつくる〉

私のつくる笹餅に使うこしあんは粉の半量、使います。小豆の値段が高いから、半量も使っている人はあんまりいないと思うよ。

それで小豆は前もって水に浸さず、水を加えたら中火にかけます。沸騰したら湯を捨て、水を入れ替える。中火にかけ、沸騰してきたらそのまま5分煮て火を止め、1時間寝かします。1時間後、また水を足して、中火にかけて沸騰したら5分煮て火を止め、1時間寝かせる。これを2~3回くらい繰り返すとやわらかくなります。指で軽くつぶれるくらいのやわらかさになるまで。それと途中、出てきたあくはすくってください。

最初はガス代を節約するためだったんですよ。でも、ずっと火にかけっぱなしで煮るより、こうやって余熱を利用しながら煮たほうが、豆がふっくらするし、風味も引き出されることに気がつきました。ほかの豆を煮るときも、同じやり方で煮ています。

煮上がった小豆は少し冷まして、目の細かいザルに適当な量を入れます。きれいな水をはったボウルを用意し、その上で小豆をよく手でつぶします。ザルから出た小豆は水の中に。残った小豆の皮は、ミキサーに入れます。ボウルの中の水はさらしの袋の中に注ぎ入れます。この作業をくり返し、小豆の中身と皮を分けます。ミキサーかけて細かくなった小豆はザルでこして、同じさらしの袋の中に入れます。和菓子屋さんのつくるこしあんはどうやってつくるのかは知りませんけど、私は皮もミキサーで細かくしてまるごと全部使うので、捨てる部分は一切ないですよ。

さらしの袋の口をひもでしっかり縛ります。水をはったボウルの中に袋を沈めてもみます。水が濁ったら、水を替えます。またサワサワと袋をもんで水を替える。こうすると雑味が抜け、口どけもよくなるんです。

水がきれいになったら、水けをきっていく。まな板とまな板で袋をはさみ、体重をかけて押しつけながら水を出します。最後は手で袋ごとしぼり、完全に水分が抜けるとポロポロとした粉状になります。

そしたら、これを1回に使う分を袋に入れて冷凍させる。私は砂糖が入っていた空き袋をそのまま取っておいて、これに詰めます。

ここまで見学に来た東京のお菓子屋さんで「ミサオさんのつくる笹餅は、小豆の実と皮の間の栄養分も全部入っているからすごい」と語った方がいて、ああ、そうなんだと。この仕事をしていたおかげで私はいろんなことを学ぶことができたんです。

小豆には食物繊維やビタミン、鉄分だけでなく、タンパク質も含まれていて鉄分が足りないとお医者さんに言われている私がこうしてがんばれるのは、毎回、味見のために食べる笹餅のおかげかもしれない、と思っているんですよ。

一粒の小豆にも

長年、餅を蒸すときに使っているさらしです。小豆の色素でこんなに染まってしまって、こういうものは漂白剤につけてもぜんぜん色が落ちない。この小さな粒に、とてつもない生命力があるんだなって思い知らされます。こうして私がいまも元気でいられるのは、そういうものに触れたり、口にしているからなんじゃないかなって。

作業場で使う布巾やタオル類もこうやって全部手洗いします。きれいにすすいだら熱湯をかけて一晩そのまま。洗濯機で洗えばいいのに、と思うかもしれないけど、落としきれていない部分が残ったりするんですよ、こうやって自分の手で洗えば確実なんで。

それで週に一度は必ず布巾やタオルを蒸し器で蒸して殺菌消毒します。保育園で働いているときに園児の昼食をつくる手伝いをするために調理師の免許を取ったんです、そのとき衛生管理の大事さをしっかりと学んだから、いまもこうして。

ここに習いに来る人から「すべてのものに手間ひまかけているんですね」と言われました。小豆やもち米の材料に手をかけて笹餅はつくるけど、それと同じように道具にも手をかけないと。長年使って手になじんだものだから、いつも通りの味がつくれると思っています。

津軽じょんがら節

まさか自分でつくった笹餅を持って、津軽鉄道のストーブ列車に乗るとは思わなかった、それが80歳のとき。あの、ストーブ列車というのは、12月から3月の冬の間だけ、2台のダルマストーブに石炭を焚いて観光客をおもてなししようという北国ならではの風情たっぷりの列車なんです。

それで乗車した観光客に地元の農産物やお餅、漬物を車内販売しようということになって、「桑田のおばさんに乗ってもらいたい。桑田さんが了解してくれるまで、うちに帰れない」と津軽鉄道の方に言われて、最初は別に私でなくてもいいんでないの、若い人がいるんだし……と気が引けていたけど、まあ、しょうがないわ、やめてちょうだいと言われたら、いつでもやめようと思って乗ったんです。

できたてのお餅を観光客の方に食べてもらいたくて、午前3時ごろからつくって。最初のうちは毎日のように乗り、それが月に1、2回の当番制に変わっていき、あるとき、お客さんから「『津軽平野』を歌ってください」と言われて。『津軽平野』は津軽出身、吉幾三さんの歌なんだけど、私はわからなくて、なんと断ったらいいかと考えた。

「お客さん、私は津軽平野、歌えないんですよ。津軽じょんがら節は歌えるけど」って、それが私の勘違いだった。歌わなくていいよと言われるかと思ったら、拍手が起こってしまって、で、津軽じょんがら節を歌いました。すると今度は、アンコール！　アンコール！と。さて、どうするか。金木は仁太坊という津軽三味線奏者の始祖《しそ》がいて、それと津軽三味線発祥の地でもあり、津軽民謡が盛んなんですよ。それでうちの夫は津軽民謡が大好き、朝起きれば民謡を歌っているような人で、こうして朝から歌っこ、歌っているより、もう少し仕事をしてくれるほうがいいでばの……、と心の中で思いながら歌を聞いていたんです。それで、即興で、そのアンコールの歌詞を頭の中で考えた。

お客さんは津軽富士と呼ばれる岩木山を車窓からさがすんですよ、美しい山だから。もう少しで金木駅に着くし……、じゃあ、手拍子お願いしますと言って、「津軽平野はお山で飾る。今日のみなさん手拍子で飾る、私、この場を歌っこで飾る」と歌った。多少なりとも自分で俳句をつくり、どういうふうに詠めばいいか、そういう経験があったから、なんとかその場をのりきれたという感じで。

その晩、うちで夕食を食べているときにその話を家族にしたんです。すると息子が「お客さんにそんなデタラメを歌って、ダメだよ。ちゃんと基礎的なものを習って歌わねばダメだべさ」と。

それで人に相談しました。歌を習うとしたら月4回で月謝が1万なんぼ、それに汽車賃がかかる、笹餅を売って利益が出ても割にあわねべ、やめたほうがいいと言われて。津軽鉄道に乗るお客さんは毎日違うから、昨日歌った歌でたくさんだと。んだな、と私も納得して。

民謡が上手な夫に教えてもらえばいいんでねえのと言う人もいて、夫に相談すると「我《わ》の歌っこば、三味と太鼓ばねえば、歌えねえ」。慰問に引っ張られて歌うときは三味線と太鼓の伴奏で歌っているから、それがないと自分は歌えないと。

それからが大変でした。列車に乗るお客さんは違うけれど「おばさん、津軽の民謡を歌ってください」と。お願いされれば、嫌とは言えなくて、三味線をやっている人にそれとなく聞いて、津軽あいや節を覚えたんです。節は決まっているけど、決まった歌い文句はないと弘前、秋田のほうに通って三味線を弾いている人が言っていました。その昔、大鰐町には料亭があって芸者さんもたくさんいてにぎわっていた時代に歌われたのが津軽あいや節だと。

岩木山は弘前から見るのと、金木から見るのとでは、山の表情がぜんぜん違うんですよ。太宰治さんは金木から見る岩木山が一番いいって。十二単衣の裾を、銀杏の葉を逆さに立てたように静かに青空に浮かんでいると、小説『津軽』より抜粋した文章の看板が金木駅ホームにあって、そこにそ

う書いてあるんですよ。ストーブ列車が人気になって金木に観光客が来るようになって、なるほど、そうだなって私も同じ気持ちになって。太宰さん、りっぱな功績を残したけど、自分から亡くなったのはかわいそうで、なぜだろうって思います。

第2章　日々の味

じょしけ　母の味

貧しさに生まれかえりし母の味

母のことを詠んだ句がたくさんあるんです。母のことが大好きだったから。やっぱり味覚とか嗅覚って、ふだん忘れていても、何かの拍子にふっと昔の記憶がよみがえる、すごく記憶に残っているものなんですよ。

――すべては母ですね、私はなんでも母から教わった。

母の味、寄せては消える美味邂逅

自分にとって母の味とすれば、〝じょしけ〟だね。津軽では雑炊がゆのことをそう呼ぶの。あるとき、1人分のごはんしかなかったんですよ。そしたら母がおつゆにそのごはんを入れて雑炊がゆをつくってくれた。どこの家庭もそうやって食べたものさ、それが忘れられない母の味であったな。

いまだに出せぬ母の味です。

生まれたときから私は母と二人の暮らし、お正月のお供え餅をつくるとき、「ミサオ、へば母ちゃんと二人でお供えっこつくるべしな。かちゃ、こうして杵上げたら、そのへらっこで、お湯をまわりにかけてあげて」と。そのへらっこ、子どものときはこんなに長いへらだと思っていたけど、普通のへらだったんだよね。

蚕《かいこ》を飼っていたこともあるよ。戦争当時、物がないときだった。蚕に桑の葉をあげて、それで、まゆを売るんですよ。うちではまゆをぬらし、ほぐれてきた糸をすうっと引っ張って、それを糸にした。できた糸で着物縫ったり、何か縛ったりするときには何十にも重ねて太く強い糸にして。母とそんなことも昔やりました。

歳をとってかたいものはかめなくなった。おなかも弱いから、朝、炊いたごはんはおかゆにして昼、夜食べるの。とにかく、やわらかいものでないと、このごろはだめでね。

小さな土鍋に冷やごはん入れて、お湯っこ入れて、ストーブの上に置く。ガスの火より、ストーブの熱のほうがあたりが弱くていい。15分もすればちょうどいい具合になって、それでストーブからおろして3分ぐらいおいて置くの。この3分の間におかゆのおいしさがつまる。ごはんのように見えるけど、ふっくらとして甘味があって、やわらかいから、かまずに飲み込んでもいいくらい、そういう状態。

あの、おかゆをつくるにしても、ほんのちょっとの違いで味がぜんぜん変わるよ。笹餅をつくっても、ちょっとのところでおいしく感じる場合と、そうでない場合があって、そのちょっとのとこがとても大事で、難しいのさ。これは何度も経験してこないとわからない加減かな。

寒い季節にはストーブの上でスープや汁物をつくったり、知り合いが来れば、必ずごはんをごちそうするよ。

これは津軽の特有の漬物。どこの家庭でもつくるんだ。いつも持ってきてくれる人がいて、魚のうまみが野菜に移っておいしい。津軽特有のおすしだよ。

がっぱら餅のこと

津軽には、しとぎ餅、さかずき餅、いろいろなお餅があって、これは〝がっぱら餅〟ってこの辺では呼んでいるもので、あまったごはんがあれば、砂糖とかを入れてフライパンで焼くんですよ。どういう意味かって？　あまったごはんをがばっと広げて焼くから、そう呼ばれるようになって、何入れてもいいの。私はごはんでなく、うるち米の米粉を使います。米粉に砂糖、塩、重曹を合わせ、水を混ぜたら生地を少し休ませてから焼くの。

私は人が来たときによくつくる、フライパンで焼けば手早くできるから。それで、みんながおいしい、おいしいって喜んでくれて。

東京のテレビ局の人がよく来ていた時期があって「また、おじゃましますー」って。あれ、また？　何の用だべ、と思ったくらいだったよ。それで「がっぱら餅、できるか」って聞いてきて。私、笑って、ああ、できるよって。帰りの乗り物の中で食べられるようにパックに入れて持たせてあげたら、それ食べずに持ち帰って、会社のみんなに食べさせたんだって。

おいしい、おいしいって、東京だったら二千円でも買えないよとか言って、好評だったらしい。

まだ笹餅をつくる前、無人販売所でこのがっぱら餅を出していた時期があって、とても売れました。1パック100円、子どもが買おうとしたら売れてしまってないから、わんわん泣いたんだって。明日はちゃんと取っておくからってなぐさめたらしいんだけど。

笹餅もそうだったけど、このがっぱら餅のつくり方も、ほんとに研究しました。母にも協力してもらって。津軽にはお正月や結婚式なんかに欠かせない餅菓子、雲平《うんぺい》という祝い菓子があって、その雲平はうるち米を使っていると聞いていたけど、実際どうなのかはわからなくて。「どうせばいいだかなぁ、うるち米でつくるって言ってるんだよなぁ。かちゃ、お菓子屋で聞いてきてけろ」と頼んだの。そのお菓子屋というのは、母と子どものときから仲良しだった同郷の人が嫁いだお店で、それを知っていたから。

そしたら、うるち米の粉を一度炒ってから使うと餅がかたくならないと教えてもらって。最初は雲平をつくって、色をつけて売るというのはどうかと考えたけど、どこでも買えるしな……、それでがっぱら餅にしようと。

炒った米粉でつくるから食べた感触がもっちり、それで、やわらかいんですよ。粉の炒り方や火加減、時間、材料の割合はどれくらいでやればいいのかって、試作をたくさんして、それで粉は、細かいほど口触りがいいと。60歳を過ぎてから、こういうのをやり始めたんだものね。やりたい、やろうとする気持ちがあれば歳なんか関係ないんだなって。

無人販売所に出していたときは一度に15、16パックつくって。1パックに2切れずつ入れて。生地を寝かせる時間が必要で、小さいフライパンで焼くから一度にたくさんはつくれない。2回焼くのがせいぜいだった。

炒った粉を使うので、時間がたっても、かたくならないんです、このがっぱら餅は。

長芋があれば、すりおろして加えてもいい。粉300gだったら、そうね、長芋のすりおろし100gぐらいかな。生地がふわっとして、すんごくおいしんだぁ。すりおろした長芋と水をミキサーに入れて、混ぜてから粉類と合わせるの。それに砂糖と塩を。塩は甘味を引き出してくれるから少量入れる。生地はあんまりやわらかくても、かたくてもだめ。泡立て器を持ち上げて、たらたらと生地が下に流れ落ちるくらいがちょうどよくて。

混ざったらそのまま15分ぐらい寝かせて。

フライパンに生地を流し入れたら、私はピーマンのスライスをよくのせる。あと煮豆、黒ごまなんかをパラパラっと。小さく切ったサツマイモを入れてもいいし、まあ、なんでもいいのよ。今日はかぼちゃの粉末、大豆の粉末、くるみを生地に混ぜて焼きます。すんごく栄養があるし、変なものが入ってないから体にもいいいんだよ。

◆がっぱら餅の材料とつくり方

A
- 米粉・・・300g
- 砂糖・・・200g（甘さは好みで）
- 塩・・・小さじ1
- 重曹・・・小さじ1
- あれば、かぼちゃの粉末、黒大豆の粉・・・各大さじ2

水・・・280〜300mℓ

くるみ、ピーマン（薄切り）、煮豆、黒ごま・・・各適量

1　ボウルにAを入れ、水を少しずつ加えながら、泡立て器で混ぜていく。

2　生地を泡立て器ですくい上げ、とろりと下にたれるくらいになったらくるみを混ぜる。

3　生地を15分休ませ、クッキングシートを敷いたフライパンに流し入れ、ピーマン、煮豆、黒ごまをのせる。

4　ふたをかぶせ弱火で30分焼く。上下を返してさらに約10分焼く。

※　ミサオさんの米粉（うるち米）は2度挽してふるいにかけ、とろ火で15分くらい炒ったもの。かぼちゃの粉末、黒大豆の粉は乾燥機で乾燥させ、製粉機で挽いて、とろ火で炒ったもの。

ポテトサラダ

じゃがいもの花、咲いてるべ。

昨日、そこの畑からじゃがいもをひと株掘って、サラダをつくってみた。これから成長しようとするやつだから、まだ、ちょっと味が足りないと思うけど、食べてみて。味つけは塩とマヨネーズ、少しだけ砂糖。

ずうっと前、山の裾野の加工所にいたときだった。笹餅を買いに訪ねて来た人がいて、ここまで来れば買えるかもしれないと思ったんだって。でも、全部店に卸してしまったあとで、ひとつも残ってなかった。

それで、さあ、大変よ。ちょうどそのとき、じゃがいものサラダをつくろうと思っていたところだった。ただ帰ってもらうのも申し訳ないし、かといって何もないし、「いま、じゃがいものサラダをつくるから、食べていってください」って、ちょっと中で休んでもらった。

じゃがいもを煮るとき、どうやって煮る？

私は皮をむいたじゃがいもが隠れるか、隠れないかぐらいの水を入れて煮るんだ。ヒタヒタぐらい、といえばいいのかな。箸で刺してやわらかく煮えたと思ったら火をやや強くして、水分を蒸発させるの。もし、あれば粉チーズをパラっと入れる。うちの冷蔵庫には、たいてい粉チーズが入っているから。なければ入れなくてもいい。塩、砂糖、マヨネーズで味をつけて。

その人に様子を見せながら、調理した。そしたらね、その人、びっくりしてしまったの。じゃがいもを煮るときは水をいっぱい入れて煮るんだって。それで、その汁は捨ててしまうって。私のサラダを食べてみたら味がぜんぜん違うって驚いてた。その人がたまたまそういうつくり方をしていて、喜んでもらえたからよかったけど、ただ帰すのは、ほんとに申し訳なくてね。

山菜　ミズ

母は神様も仏様も信じていた人で、生前、88カ所めぐりをしたいと言っていたの。当時88カ所めぐりと言われても、私はわからなくて、だからあんなに母が行きたかった四国のお遍路に、夫の供養を兼ねて出かけたんです。それも2年続けて。1回目のときは、ただついて歩くのが精一杯、2回目はあのとき、ここでこういうことがあったと思い出しながら、3回目も行こうと思っていたら、お嫁さんが病気になってしまって。

そのお遍路しながら山々を歩いてみても、ミズってなかった。東北だば、山の沢のところによく生えていて、ポキッと折って、そのまま生で食べられるの。あくがないし、苦みもないから。ほかの山菜はえぐみが強くて、とても生では食べられないんだけど。

ポキッと折ってそこから皮を下から上にむかって引っぱりながら皮をむいていく。葉っぱが次から次に出ているところもていねいに皮をむいて。ミズは若ければ若いほど色が鮮やかでやわらかい、初夏からお盆ごろまで、それを過ぎるとかたくなる。

いま（6月）がちょうど旬だね。皮をむいたら沸騰したお湯に入れて、ぱっと色が出るから、すぐに水につけて冷やすの。そのままだと熱がこもって色が悪くなるから。冷えたらザルに上げて塩をふる。これは昆布だしにみりん、焼酎、南蛮（赤唐辛子）を入れたものに浸してあります。汁はヒタヒタになるまで入れて、じゃないとミズの味が変わってしまうんです。こうやっておけば2～3日はシャキシャキと歯触りよく、おいしく食べられます。

冷凍庫に去年、塩漬けしたミズがまだ入っているよ。食べるときは瓶ごと水につけて解凍し、塩抜きして昆布だし、みりん、焼酎、南蛮の汁に入れて。

このミズは隣の息子さんが日曜日といえば山に入って採ってくるんですよ、それをいただいて。趣味が山と釣りで、釣った魚も持ってきてくれます。私も去年までは自分でミズを採っていたけど、今年から転んでケガでもしたらみんなに迷惑かけると思って行くのをやめたんだ。

ふき

りっぱなふきでしょ、隣のお家の敷地に生えているふきで、「どうぞ、好きに採ってください」と言ってもらって、自由に採らせてもらっているの。大きいけど、これは秋田ふきではないよ。

ふきの場合は、ゆでてから皮をむいている人が多いかな。私は若いふきは生のまま、皮をむく。あくで手がまっ黒くなるけど。皮がすうっときれいにむけると気持ちまですっとして。それからゆでる。色よくゆでるなら重曹を入れて。さっとゆでたら水につけておいてあく抜きします。

たっぷり塩をして冷蔵庫に入れておけば、来年の春まで食べられる。食べるときは薄く切って水に浸せば塩が早く抜けて、クセがないからなんにでも使えるし、魚と一緒に煮て食べたりしてもいいの。ふきはふきの味がして。茶色くなっても、銅鍋に入れて水に浸しておくと、色が戻ってきて真っ青になるんですよ。

今日はふきを炒めて昼食をつくるね。ふきを斜めに切ったら、ブロッコリー、長ねぎも切って。豚肉があるからそれも一緒に炒めます。そこにゆでたうどんを入れて、味つけは塩、こしょう、トマトケチャップで。

ここじゃなく、山の裾野の加工所にいたとき、仕事で訪ねて来た人がお昼どき「昼食、食べに外に行ってきます」って言うから、そう？　でもね、そうめん煮てあるよ。ごちそうしようと思うんだけど。このミサオおばちゃんのつくったものを食べていらっしゃい、とわざと津軽弁で言ったの。何言っているのかわからないだろうけど、まあ、いいやって。ふふふ、私、ずるくてね。

炒めた野菜にそうめんを入れ、ケチャップをかけて混ぜ合わせ、お皿に盛って、どうぞと。3人の男の人たちが、だまってムチムチ、ムチムチ、と食べているの。おいしいとか、おいしくないとか、何も言わずに。だから、「どう？　おいしい？」と聞いたんですよ。そしたら「おいしい」と。「ならば、もっと早く言ってよぉー」と私が笑うと、みんなもニコニコ笑って「いや、そうめんにケチャップかけて食べたの、いま、はじめてです」と。「そお？　まだ残っているから、食べたい人は食べなさい」とテーブルの真ん中にフライパンをドンと置いて。そしたら全部たいらげてしまって、いまでも思い出すと、笑いがこみあげてくる。あはは、ああー、おがしい。

できました、味見していないけど、食べてみて。ナポリタンみたいだって言われるけど、私はナポリタンが何かもわからないの、とにかく野菜をいっぱい入れて。ここは近くに店もないから、あるものでつくるしかない。ひらめく？　いや、ひらめくっていうほどの能力はありません。私、難しく考える能力なんかないもの。

どう？　おいしい？　ならよかった。あはは、ああー、おがしい。

りんごはりんごの味だから

果物だったら何でも好きだね、ぶどう、さくらんぼ、柿、りんご、なんでも。歯が悪くなってからは、りんごは薄く切るとか、きざんで。自分の体調に合わせてつくるから、どうしたら食べやすく食べられるかなって、自分なりに工夫して。

このりんごは、息子が数年前から育てているりんごだよ。出荷するためじゃなく、ほとんどを人にあげてしまっているようだけど。小さいなりに自分で事業をやっているから、朝5時前に起きて果樹の手入れなんかしてから出勤する。少しくらい雨が降っていても、毎朝起きて。まあー、熱心だね。そういうところが私と少し似ているんだよな……。

このりんご、まだ熟していないから、実が少しかたいね。津軽の方言でいえば、青臭いっていう。でも、まあ、りんごはりんごの味だからな。

今日は皮をむいて薄く切ったら、らっきょ酢に漬けます。酢に砂糖と塩を入れた甘酢でもいいけど、このごろは市販のらっきょ酢を使ったりもして。時間がたつとしっとりして、やわらかくなる。こうやって漬けておけば色も変わらないし、いつでも食べられるから。朝、仏様にあげる追善のお膳づくりに1時間ぐらいかかってやるんだけど、こういうのをつくっておくと便利だから。

きゅうりと黄菊を漬けたものがあるから一緒に盛りつけて、仏様も3色食べられるでしょ。

黄菊も自分で育てたやつ、花びらをむしってゆでて、冷凍しておくんです。菊は冷凍しても色がぜんぜん変わらないからいいね。きゅうりは皮をむいて漬けただけ。そこに南蛮（赤唐辛子）を入れて。

これは梨と柿、りんごを一緒に漬け込んでみた。たくさんは食べられないから、これなら少しずつ、いろいろ食べられるでしょ。

梨はさ、柿なんかに負けるものかって思う。りんごは、柿なんかに負けるもんか、柿は、梨とりんごに負けるものか。みんながみんな、負けるものかって。で、私は「りんごさん、がんばって！　柿さんがんばって！　梨さん、だれにも負けないように」という気持ちで漬け込むの。そういう気持ちって伝わるんじゃない？　だから梨も柿もりんごも、単体で食べるより、より以上の味が出てくるんだと思うよ。ふふふっ、おかしいでしょ。ね、こんな食べ方もあるんだよ。

りんごはね、いろいろな切り方があるけど、皮をつけると赤い色が出てそれもきれいだよ。薄く切ったりんごを赤じその塩漬けを加えて漬けることもあって漬物として食べる。これでお茶飲んだりして。

煮りんごのつくり方？　りんごを煮るときは、水なんか入れては絶対だめだよ。皮をむいて切ったら上から塩を少しふって煮る。塩がりんごの甘さを引き出すの。火は強くしない。煮ておけばいつでもおいしく食べられる。皮を入れて煮ると赤みが出るよ。

かぼちゃの粉末

私には、捨てる物ってないのよ。まあ、腐っていたりしたらだめだけど、すべての物はとっておいて保存しておく。そして保存の仕方なんかも、そのときどきによって変えてみたりして。もしダメになれば、腐るものは腐るんだなって、それもひとつの勉強になるな。

これはかぼちゃと黒豆を乾燥させて粉末にしたものを、弱火でから炒りしました。牛乳に溶いて飲んでもいいの、私はおなかの具合が悪くなるから飲めないんだけど。きなこみたいに餅にからめて食べてもいいし。こうして乾燥させて粉にすると、甘味がいっぱい出て、それでクセがないんですよ。畑のかぼちゃなんかでも、10、20個なんて食べられないでしょ。だけど、こうして粉にしておくと冷凍保存がきくし、何かのときのお役に立つんでないかなって。がっぱら餅（53ページ）に入れてもいいし。りんごも乾燥させて粉にしたことありますよ。たくさんもらった長芋も粉にして、がっぱら餅をつくるときに入れたらすごくおいしくできた。

かぼちゃを薄く切ってお日さまにあてて乾燥させてもいいけど、私は乾燥機を使います。すっかり、カラカラに乾燥したら製粉機にかけて粉にする。乾燥機や製粉機はふつうの家庭にはないよね。私は無人販売に出す商品をつくるのに必要だったから……それで、かぼちゃの粉を片栗粉の代わりに使ってみたらぜんぜんダメで、てんぷらの衣にも不向きだった。とにかく何でも試してみるの。

鍋の中？　ああ、これはかぼちゃの煮物。かぼちゃを切って鍋に入れ、みりん、塩、焼酎、ざらめ糖を入れて中火にかけて。煮ている間に皮の中にも味がしみていく。それと、火にかけたらそのまま、箸で動かさないから形もくずれない。

緑の漬物

かぶの葉とチンゲンサイ、漬けて5日くらいになるな。野菜をたくさん育てて出荷している人からいただいたから、漬けてみたの。かぶの葉は、色見がほしいときに使う。このまま食べてもあまりおいしくないから、細かく切って卵焼きに混ぜて焼くとか、ちょこっと、こういう緑色が入るとおいしそうに見えるべ。

こっちはチンゲンサイ。漬物でも、南蛮（赤唐辛子）とみりんを少し入れて、ちょっと甘味を足すとおいしく感じるものがあって。仏様のお膳に、細かく切ってスイカなんかと一緒に盛るの。赤い南蛮を飾れば、お花みたいになるよ。

母も、いろいろつくっていました。昔は冷蔵庫がなかったから、少しずつ漬けなさいって。漬物でも一日おいたら味が違ってくるから、一度にたくさんつくらずに、そうすればいつもおいしいのが食べられるって。

さあ、ごはんを食べよう。冷蔵庫から食べられるものを出して。しじみの味噌汁もあるから。土用が終わるころ、十三湖のしじみを注文して持ってきてもらうの。母は土用前のしじみはやせてしまっているから、土用が終わったらすぐに買うようにと。そのしじみが一番おいしいんだよって教えてくれたから、いまもそれを守ってる。砂出ししてから冷凍庫に入れておくの。

息子は自分で食べるものは自分でつくるんだけど、それが全部上手で。学校に行っているときから、早く帰って来た人は晩の食事の支度をしてちょうだい、と頼んでいたから。はじめて味噌汁をつくったときは、味噌が入っていなかった。そんな環境で育ってきたこともあるけど、私より、料理上手なんですよ。ほめるとかじゃなくてね、ほんとそうなの。

きゅうりの一本漬け

生ごみは全部コンポストに入れておくの、しじみなんかの殻も。春、鍬《くわ》で土を耕しながら混ぜ込む、これがいい肥料になっているんだよ。ふつうは捨ててしまうものだけど、こうすればむだがないな。

夏はきゅうり、なす、トマト、ササゲ豆、大豆。秋は白菜、大根を育てる。畑のどこに種をまいて、どう手入れしていくか、そういうことも考えているから脳の衰えも少ないんでねえかな。おとといは野菜の苗に蟻《ガ》がいっぱいきたから蟻退治する薬をかけたの。そしたら、きゅうりの葉っぱにもかかって赤くなってしまった。蟻の薬だけど、野菜にも毒なんだなって思ったりして。

これは畑で採れたきゅうりだよ、食べきれない分を塩漬けにしたの。塩分濃度は20～30％ぐらいで。きゅうりは水分が多くてカビやすいから、重しをして漬けないとだめだよ。このごろは気温が高くてカビやすいから冷蔵庫に入れておくの。

それは来年の春まで食べるやつだから、塩をいっぱい使って漬けた。塩が少ないと、青みが薄れる。それと、きゅうりはカリカリしねば、おいしくねえ。歯ごたえよくするためにも塩を強くして。明日使うとすれば、一晩水に浸しておいて塩を抜けばいいから。強く塩をしたきゅうりは冷凍しても、凍みないんだよ。

塩抜きしたきゅうりは、薄く切ってだし昆布、少量の酢と砂糖を加えて食べるの。

梅干し

お葬式では、昔はいまと違ってどこでもお昼を出したわけ。その料理をつくってほしいとよく頼まれて、うちで漬けた梅なんかを持参していくの。

その梅漬けを食べた人が、お葬式のあった家の人に、あの梅干しはどこから買ってきたのか聞かれたんだって。「いや、買ったんでね。桑田のおばさんが漬けたのをいただいたんだ」って。それで食べたいって電話がきたこともありました。

梅は毎年持ってきてくれる人に頼んでおいて、樽ひとつ分を買って漬けます。今年も約10キロ漬けて、娘に3分の2をやって、これはその残り。赤じその色が出ていないから、もう1回漬け直そうと思っているところで。娘の旦那が「おばちゃの梅干し漬けを食べれば、よその梅はもう食べられない」って言ったんだって。いつまでも私が生きているわけではないから、今年は娘と一緒に、こうやって漬けるんだと教えながらやって見せた。

梅干しのつくり方はだれに聞いたわけでもなくて、毎年漬けているうちにこうなっていった感じ。簡単に言うと梅を塩漬けにしてから3日間干し、それから本漬けといって、赤じそを加えて漬けるんですよ。

杏も漬けています。うちの本家で杏を植えていて、その杏をいつも、もらうんです。漬け方は梅と同じ。ただ杏は干す前に種が自然に離れる。杏漬けも好評だけど、私は杏より、やっぱり梅のほうが好きだはんで。

梅を漬ける

梅は黄色くなったくらいのものを使います。洗ってザルに入れて水きりするでしょ。1キロの梅があったとすれば、2キロ以上入る大きな入れ物に移して、5~7%の塩をふって全体を手でかき混ぜたら漬け込む容器に入れます。最後にパッパッと塩をふって重しをしたら容器にふたをして、1カ月くらい漬けておきます。途中、返したりもせず、そのまんま。

1カ月たったら梅は水洗いします。ちょっと食べてみて、もし塩の味が強かったら一晩水に浸して塩抜きすればいい、その人の好みで。それでザルに並べて3日間干します。私は3段になっている干し網に梅を並べて、屋根付きの場所に吊るしておくから3日間、外に出しっぱなし。3日後、本漬けにかかります。

梅を塩漬けしている間に、赤じそが大きく育ってくるから、その赤じそを塩で漬けておきます。

赤じそを漬ける

赤じそはこぼれた種から毎年、生えてくるのを使っています。葉を摘まず、茎ごと塩をしてもんで一晩おく。黒い水（あく）が出てくるから水で洗って水気をしぼり、白梅酢に漬けておくんです。

本漬け

天日干しした梅、赤じそ、白梅酢を入れたら重しをして本漬けをします。これは（74ページ写真）漬けてから3カ月ぐらい。もう少し、梅の中まで色がつくまで漬けておきます。

毎年つくりながら来年はこうしてみよう、ああしてみようって思いながら漬けてきたの。最終的に、落ち着いたのがこの漬け方で。食べるときは小さい容器に取り分け、酸っぱいのが好きならそのままで、私は少し砂糖を入れて食べるのが好きで。好みの味っこをつけて食べてください。

赤じそ漬けは、梅のほかに、みょうが、大根、かぶ、りんごなんかを漬けるときにもよく使います。赤く染まって見栄えがいいし、風味もいい。水分をきってカラカラに乾かしてから、ミキサーにかけて粉末にしてもいいよ。

たくあん

今朝、自転車で大根、運ぶかなと思ったんだけど、やっぱり重たいなと思って。そこに知り合いの人がちょうど通りかかって「私、運んでやるね」と世話になったの。で、さっき干したところ。漬ける前に水分を抜いてからでないとだめだから。

青森のお寺で修行していたとき、大根の漬物がおいしかったんですよ。米ぬかの匂いがしなくて、どうやって漬けたんだろうと聞いたら、玄米を使って漬けたんだと。ああ、なるほどなぁ、それから私も玄米で漬けるようになりました。玄米は炊くか蒸すかしてから使うの。

今年はいつも漬ける大根の種類とは違って、米ぬかで漬けました。いつも私のところに来ている青森の人が、あの大根はやわらかくて、煮て食べるとおいしんだよって。漬物にするなら種類が違う大根なんですよ。娘に「大根の種を買ってきて」と頼んだら、これしかなかったって。それでまあ、これでいいかと畑にまいて。

冷蔵庫に、切ったたくあんがあるから食べてみるといい。津軽の漬物は塩、ザラメ糖、酢を使って漬けるんです。「五倍酢」っていうのがあって、これは5倍濃縮されている酢。なめたらむせるくらい酸っぱいよ。この五倍酢だと使う量が少量ですむから、漬けているときに水分が多くならないからいいの。

なんで酢を加えて漬けるのかって？　春になって陽気が温かくなっても味が変わらないし、カビもこない。これも昔の人の智恵だね、食べ物を粗末にしないという。欲しければ、何本でも持って帰っていいよ。私、あんまりぬか漬けは好きじゃないんだ。

たくあんの材料とつくり方（つくりやすい分量）

生干し大根・・・15kg

A
米ぬか・・・5kg
塩・・・105g（大根に対して7%の塩分濃度）
酢・・・700~800mℓ
ザラメ糖・・・500g
たくあん漬けの素・・・表示より控えめの分量

1　Aを混ぜ合わせる。

2　漬け樽に大根を並べ、1を適量ふる。これを何層か重ねたのち重しをし、冷暗所で数日間漬ける。

3　水分が上がってきたら重しを軽くし、さらに冷暗所で1カ月ほど漬け、大根の辛さがなくなったら食べ頃。

山菜・ミズのおひたし。
あくやえぐみがなく、シャキシャキとした歯触りが心地よい。

ある日の冷蔵庫の中のもの。
左から、みょうが、かぶの赤じそ漬け、たくあん、杏漬け、
手前はきゅうりの漬物、りんごと赤じその漬物。

左から時計まわりに、みょうがの赤じそ漬け、梅干し、みょうが漬け、
きゅうりと黄菊の酢の物、古漬けきゅうり。

土鍋に冷やごはんを入れ、湯を注いで火にかける。
ふっくらとし、かまずにそのまま飲み込んでもいいほどのやわらかさ。

かたいものがかめなくなり、夕食はおかゆが常食。
いろいろな漬物をおかずに、ひとり早めの夕食をとる。

工房の窓から見える景色。
6月、自生するふきが茂る。

皮をむいたふきをさっとゆでて、
水にさらしてあく抜き中。

米粉、砂糖、塩、重曹、水を混ぜて生地をつくり、
ピーマンの輪切り、黒豆、黒ごまをトッピング。

フライパンに生地を流し入れ、途中、ひっくり返して焼き上げた。
がばっと広げて焼くことから「がっぱら餅」と呼ばれる。
余ったごはんなど、入れるものは自由。

梅干し。
ミサオさんは小さな容器に取り分け、砂糖を少し足して食べる。

きゅうりの塩漬け。
来春までもたせる場合は、塩をきつくして漬ける。

大根を風干し中。

米ぬかで漬けた、たくあん。津軽では塩、酢、ザラメ糖を入れて漬ける。
たくあんを包み、お土産に持たせてくれた。

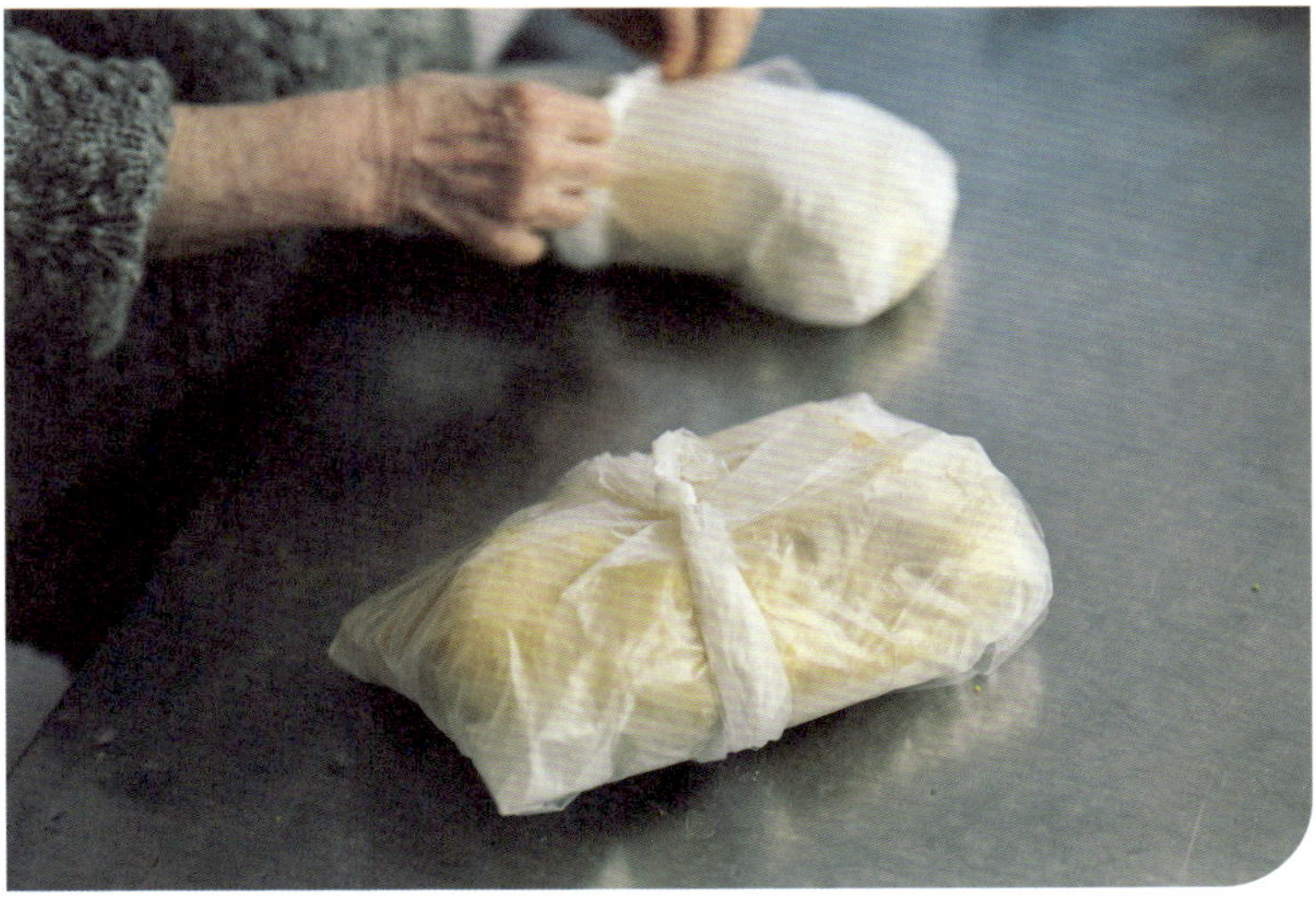

そうめんをゆでて、水きり中。
ブロッコリーを食べやすい大きさにカット。

ふき、長ねぎ、ブロッコリー、豚肉を炒め合わせ、
そうめんを投入。トマトケチャップで味をつけ、和風ナポリタンの完成。

炊き合わせ、りんごと柿と梨の甘酢漬け、黒豆、きゅうり漬け。
おかずいろいろ。食べておいしいく、彩りもよくがミサオさんの料理。

第3章　十本の指で

夜なべして

これははじめてかぎ針で編んだ服、もう40年くらい前になるな。保育園で働いていたときに、すごいきれいなテーブルがけを編んでいた先生がいたんですよ。思わず、あれぇ、すごいなあって。かぎ針でレース編みをしていて「かぎ針はどうやって使うの？」と聞いたら、「こま編みと長編み、長々編みで、模様ができるんだよ」。それで編み方を教わり、着なくなった子どものセーターを解いてこれを編んだの。

夫は製材所で仕事をしていましたが、病気がちであまり働けず、夫からお金をもらったこともなく、わずかな田んぼと畑があったから食べられたけど、暮らしは大変でした。私は外に働きに出たけどもらえるお給料はわずか、それでも二人の子どもはせめて高校には入れたという一心で、夜も寝ず、セーターを編んでお金を稼いでいた時期があったんですよ。

そのセーターを編むきっかけになったのは弘前大学付属の農場で働いていたとき、すごい手の込んだカーディガンを着てきた先生がいて、「あれは、売っているカーディガンではないよな」と思って聞いてみたの。そしたら妹さんが編んだものだと。

「編み物学校で編んでいるんだよ。編み機でセーター編んで、それがいい収入になっているみたいだよ」と言うから、その編み機、どれくらいするの？と聞いたら、翌日「1万5千円かかるそうだよ」と。1万5千円、私には手も足も出ないわ、とがっかりして。

次の日、「月賦でも買えるそうだよ」と教えてもらい、月賦ならなんとか払えるかもしれない。でも、せっかく買っても使い方がわからなければ、どうにもならないし……。するとまた妹さんに聞いてきてくれて「1カ月間無償で教えてくれるそうだよ」と。

その編み機の会社があるのは青森市内、そこまで通うには遠すぎて無理がある。せめてこの編み機があれば内職ができるんだけどな、と私が言うもんだから、先生はまた妹さんにそのことを伝えると、編み機の会社の人が金木で1カ月無料で教えてくれる場所を設ける、ということになって購入することにしたんです。で、そこで初めて試して、これなら編めそうだとほっとして。

最初に編んだのは、うちの子どものセーター。本の通りにつくってみると、子どもの頭って小さいようであっても、案外大きい。着るときはすんなり頭が入っても、脱ぐときは頭が引っかかって子どもは嫌がってしまって。だから次からは、子どものセーターを編むときは首回りを5センチ大きく編むようにしたの。

それと個人差はあるけど、子どもって1年に5センチ、10センチと背が大きくなれば、次の年にはもう着られなくなってしまう。それを見越して大きく編んだダボダボのセーターを着せると、子どもは嫌がるので、また何かいい方法はないかなと頭をひねって。

袖や裾を二重に編み、大きくなればその二重にしたところをほどいて広げる、そうすると3年は着られる。女の子であれば、ひもを編んでリボンに結んだり、ちょっとかわいくする仕掛けをつくってやったり。そうやって工夫していくと金木の毛糸屋さんで評判になり、ご指名で注文が入るようになっていったんです。津軽の冬は雪が降り積もるので、冬場は寝る間も惜しんで編みました。

娘がセーターを着て学校に行けば、先生がそれを見て「お母さんが編んだの？　お母さんに先生のも編んでけらえねが、聞いてきてちょうだい」って。それで娘に先生の寸法とどんな糸がいいのかを聞いてきてもらって、先生方の分もずいぶん編ませてもらいました。

金木の町はそんな広くないから、そういう評判になると遠くからも注文がくるようになり、編めども、編めども、追いつかなくて、ほんと、びっくりするくらいでした。十本の指は黄金の山、この指さえ動かしていれば食べることに困らない、と教えてくれた母の言葉はつくづく本当だったなと思います。

かぎ針1本で

かぎ針1本で編む作業は楽しくて、子どもや自分のセーター、いったい何枚編んだかな……。

娘が嫁に行くときは薄い玉子色のカーディガンを編みました。自分で模様を考えて、本にはぜんぜん載っていない自己流だよ。ああでもない、こうでもないと、いろいろやってでき上がるころには毛糸が汚れてしまって、それで洗濯屋さんに持っていったの。

後日、セーターを受け取りに行くと店員さんが、ちょっと待ってくださいと。奥から洗濯屋の奥さんが顔を出して「これ、洗濯していてもぜんぜん形が崩れないのさ。いままでたくさん洗濯してきたけど、こういうのはなかった。私にも1枚編んで欲しいんだけど」と頼まれてしまって。それは難しい編み方で、時間がかかってしまいますよと言うと、時間がかかってもいい、来年になってもいいからとお願いされて。まあ、そんなこともありました。

娘や姪、うちの家系はみんな手先が器用で、そういう素質があるのかな。機械編みでセーターを編んでいたときは注文の多さにこたえきれなくて、姪に手伝って編んでもらっていたくらいでした。

やっぱり津軽の冬は、毛糸で編んだセーターが一番いいのさ、すんごくあったかくて。私は雪かきをするときも上にセーターを着て作業するの。

毛糸は少しくらいの雪ならはじくし、軽くていいから。

このセーターを着るときは、おそろいの靴下を履きたいなと思うと靴下を編んでみたり、おそろいの帽子を編んだり。セーターが1着でき上がれば満足するというよりも、今度編むときは、ここのところはこういうふうに編んでみよう、という気持ちのほうが大きくて、だから同じ編み方をしたものは1枚もないです。それは何をやっても、しょっちゅう思うことで。料理にしても、これでいいと満足することって、ほとんどないな。笹餅もそうで、ああしてみよう、こうしてみようってずうっと思いながらつくっていました。それでも唯一、笹餅は満足できるものになって、そういう思いはなくなりましたけど。

編み物は、ほんとにいろいろな編み方ができるから無限の世界だね。この帽子もかぎ針でつくったんですよ。皆さんだったら捨てるような古い毛糸を使って編んでいます。私みたいにセーターを解いて違うものに編み直しをしたりする人は、いまはめったにいないでしょうね。古くなって毛が少なくなったのは2、3本一緒に編んでみたり、新しいモヘアの毛糸を交ぜて編むとふわふわになって、またよみがえる。

私の編み物好きを知っている人が、使わない毛糸や古毛糸を持ってきてくれるんですよ。それで帽子を編んであげたり、手袋を編んであげたりして。

何かの会合があるとき、セーターや帽子をかぶっていくと「うわー、すごくいい！」ってみんなが寄ってきて。それで、そういうのを覚えたいといわれて、消費者会の会合で編み物をする計画もあったけど、コロナ禍になって立ち消えになってしまって。

これも自分でデザインした帽子です。買った帽子はどうも立派すぎて、頭が締めつけられているような感じがするんですよ。それでガーター編みでつくってみたらどうかって、やってみたの。

ほら、かぶってごらん、違和感ねえべ。これなら一日ずっとかぶっていられる。吹雪のときは耳まですっぽりかぶればあったかいし、模様をつけようと思えば、いくらでもつけられる。これと同じ編み方で帽子を50個以上編んで障害者施設に寄付したこともありました。「この帽子、かぶりやすくて一度かぶったら手放されねえのさ」って。

セーターを解いた古毛糸を使うときは一度束にして、粉せっけんを溶かしたぬるま湯につけて手洗いし、すすいで竿にかけて干します。湯で洗えば毛も伸びて、また新しい糸のように再生する、だからほんとに、私には捨てるものってないよ。

このセーターは袖をほぐして、古い毛糸を使って編み直しました。だぶっとしたほうがいいなと思って。擦り切れたところなんかもかぎ針1本あれば編み直せて、どこから編んでもいいんですよ。襟をつけてみたっていいし。楽しみながら、そのときの気持ちで編んでいくの。編み物、針仕事は退屈しないね。

はじめての刺繍

ものをつくるときは何も考えないでしょ、一心になれる、それがいいんです。
ちょこっとやるだけでも気分がぜんぜん違って、楽しいの。いつも座っている横には道具箱が置いてあって、針と糸、かぎ針なんかが入っていて、この針山も自分で縫いました。

これは浴衣の生地でつくったジャケット。浴衣の反物をいただいて、いま現代風の洋服にするならポイント的に刺繍をしてみたらどうかと思って。刺繍はそれまでやったことがなくて、はじめてだからあまり上手ではないけど、それで裁縫が得意な娘に、ここはこういうふうに縫ってちょうだいと頼んで仕立ててもらったの。

婦人部総会を青森市でやったとき、これを着て出席したら「桑田さん、これも自分でつくったんでしょ？」「はい、そうなんです」「ちりめん生地でこうしてつくるのもいいですね」「ちりめんじゃないよ、浴衣の生地だよ」「えっ、あ、ほんとだ」って驚かれて。生地が軽くて肩が凝らないし、シワにもなりにくいからとっても着心地がよくて。実はこれをつくったとき、町の文化祭で何も飾るものがないから桑田さんの……あれ貸してって、役場職員からお願いされて、２年続けて、このジャケットを展示したことがあるんですよ。

私は自分の服を買うってことはないから、外で知り合いの方に会うと、これ、また自分で縫ったの？　編んだの？　と聞かれて。いまは着物の時代じゃないから持っている着物のほとんどはほどいて、いまの時代に合うような服やバッグなんかにつくり替えてしまっています。

娘も小さいころから編み物や裁縫をやっていて、高校は服飾科を希望して入ったけど、材料を買う余裕もなかったから私の着物を解いて課題の服をつくったこともありました。

この座布団カバーも、私のコートだった。長い間羽織っていたけど、虫に食われて穴があいてしまって、捨てる前にこうやって使って、汚れたら最後はごみに出そうって。こういうところは母親譲り。母は新しいものを買う余裕はなかったし、昔の人はそうだよね。これも性格なのかな。母の姿を見て、私にもうつってしまって、受け継いでいるというのか……。夫の寝巻きなんかでも新しいまんまのものがあるから、そういうものにちょこっと刺繍して、自分用の寝巻きにつくり直して着ています。笹餅づくりをやめれば、出歩くときに着る服を自分でつくりたいと思っているけど。

裁縫の時間に

娘は針仕事が得意だから、手さげや、巾着袋を縫ってと頼むの。だからバッグも自分で買ったことってないよ。四国のお遍路めぐりに行ったときのリックサックもそう。お賽銭の小銭を入れるところ、お線香を入れるところ、着替えが出し入れしやすいようにひもで口をすぼめたり広げたりできる仕掛けにしてもらったから、使い勝手がよくてね。娘にこうして、ああしてと細かくお願いしてやってもらえるから、ありがたいです。

小学5年生になると裁縫の時間があって、布に穴っこあけて、糸でまつる試験があったの。通信簿をつけるための試験。いく日か過ぎて、先生がその課題を返してくれたんだけど、私のところには返ってこなかった。家に帰って母に話すと「じゃあ、先生に聞いてみなさい」って。それで次の日、「私の提出したものが返ってこないんですけど」「あれ、ミサオさんがやったんでねえべ。お母さんにやってもらったんだべ」「なんも、私がやったんだ」「ほかの先生たちにも見てもらったんだ。みんな、これは子どもがやったんでねえな」と。

それをまた母に言うと、「じゃあ、もう一回、その教材をくださいと先生にお願いして、学校でやりなさい」と。その通り先生に話すと布をくれて、休み時間中、その課題をやって渡したの。気をつけて見てくれて、99点だった。「ほんとは100点あげたいんだけど、前のと比べて、穴っこのまつり方が少し大きいから、それで1点マイナスだ」って。いま思い返せば、その先生、心が痛んだんじゃないかなって思うよ。

それから裁縫の時間になると、先生が最初にこうしてこうすると説明があって、授業終了の鐘が鳴れば先生は帰る支度をしながら「皆さん、あとわからないことがあったらミサオさんに聞いてください。ミサオさん、教えてあげて」と言われるようになって。私はいつも母と縫い物をやっていたから、それでみんなよりは多少、上手だったんでしょうね。あの時代は通信簿に甲乙丙の3段階評価で、私はほかの勉強はできなかったけど、裁縫だけはいつも甲だった。そのおかげで頭のいい友達が二人できたの。

二人の親友

私は90歳を過ぎても自転車に乗ったり、働いているから丈夫だと思われているけど、小さいころからおなかが弱くて、学校でおなかが痛くなれば病院に連れられて、1週間ぐらい休んでいたんですよ。その間、母は外に働きに行けないからよその人の着物を縫って。母に、針に糸を通してちょうだいと頼まれればうれしくて、何本でも通した。それから縫い方を教わって、余り布で人形の着物をつくったりすれば「上手だね。でもこうすれば、もっとよくなるよ」と、教え上手な母のおかげで6年生のころには自分の着るものは縫うことができるようになりました。

その裁縫が人より上手にできたから、5年生のとき、頭のいい優等生、ヤエさん、タミさんという二人の友達ができて、あの時代はテレビがあるわけでないし、遊ぶのはお雛っこといって、人形の着せ替えっこをしたり、鬼ごっこしたり、川に泳ぎに行ったり。「ミサオは今日、うちにきて遊ぶべし」「おいさこい（うちにこい）」「いや、おいさこい」って二人から言われて。生涯、ずっといい友でおつきあいをしていましたけど、もう二人とも亡くなってしまった。

ヤエさんは金木のお寺に嫁いで、私は遠慮するんだけど、ときどき電話がかかってきて「こい、こい」と。それで三人で話っこして泊まったりもしました。旦那である和尚さんは、「三人の友達は、めったにいないよ。二人はいるけれど、ミサオさんがいるから、いまだこの歳になっておめだち三人、友達でいられるんだ」って。「ほんどに？　あんたのお父さんはいい人だな。ふだんからもいい方だなと思うけど、そういうことを言われればなおさらで、つい惚れちゃうよ」と大笑いしたっけ、三人で。私は小学校までだったけど、二人は中学、高校に行って、生涯のいい友であったと、とても感謝しています。これも手仕事が上手な母がいたおかげだなって。

俳句や短歌に込めた思い

山の裾野の加工所にひとりこもって笹餅づくりの仕事をしていたとき、俳句を詠んでいたの。話し相手もなく、テレビを見るしかない。それでその日、その日のことを詠んでみようかと。

この句帳はリサイクル品。笹餅の袋に貼る原材料が書いてあるシールがあるんだけど、そのシールをはがし終わった台紙。表はツルツルだから、裏を利用して書きました。

おいしいと電話の向こうに涙する

これは3月22日に書いた句で、帰宅した夕方、旅の方から笹餅がおいしかった、がんばってくださいと電話をもらって、なんてよき日だろうと思ったと書いてある。俳句をつくったときの情景や思ったことなんかの添え書きもしておいたの。

暖をとり、八十路でひらく命花

80歳になって津軽鉄道の汽車に乗り、笹餅の応援直売をやったの。冬になるとストーブ列車が走るんだけど、その列車の中にお客さんがつくった俳句が貼ってあって、自分も詠んでみようかなと思ったのが最初のきっかけだね。応援直売にあたり、私の歌で車内の雰囲気が変わることが喜びと感じる、と書いてある。「旅人とともにかわそう思い出を」と詠んだ句もあるよ。

岩肌にしだれのごとく咲き乱れ、小鳥のさえずり子守歌かな

山に笹採りに行き、岩場にツツジの花が咲いている光景に出合ったときに、小鳥たちがチュンチュン、チュンチュンと近くで楽しそうに鳴いていて、夫婦かなって思いながら、あまり考えることもなく自然にすっと言葉が出てきた歌です。鳥の声を聞いているといやされるんだよね。

川沿いの恵みの笹に手をのばし、滑り転ぶや野花支える

山に笹採りに行ったとき、川沿いにいい笹が生い茂っていたんですよ。採ろうとしたら足が滑ってその瞬間、野花につかまって下の川まで落ちずにすんだ。それで力が抜けてそこにペタリと座り込んでしまった、落ちなくてよかったなと。もし、ここで一首詠むとしたら、どういうふうにしたらいいんだべな、と考えてみた。人にとってはやっかいな笹だけど、私にとっては恵みの笹なんですよ。そして野花が私を支えてくれた。特別な出来事でなくていい、実際に自分に起きたことを楽しみながら詠んでみたんです。

還暦終えて歩む道、情けを受けて雲の笹餅
八十路とて、我が人生これからと楽しさ求めて歩みよる

笹餅づくりをするようになり、たくさんの人に出会う機会をいただいて、

私に勇気を与えてくれたんです。皆さんの情けがあってこそ、いまの自分がある。ほんとに、それ以上の幸せってあるだろうかって思います。

孫と俳句

東京で働いている孫娘に、大丈夫?と聞くの。ダメだと思ったらここに帰ってきなさいよ、と言って。

その孫が、たまに仕事をもって帰って来て、ここで仕事をするんです。それで私の布団を干したり、敷布やカバーを洗ったり、ついでに部屋の掃除もして。お風呂場で滑ったら大変だからって心配してくれたり。仏様にあげる水もお茶も全部やってくれるから、私は朝のお膳をつくればいいだけ。ずうっと、ここにいてくれれば安心なんだけどな……と思ったりもするけど。

その孫は中学になるまで、夜は私の布団に入ってきて一緒に寝てました。はじめての孫で、背中におぶって出かけたりもしていたから、なついていたんだね。その孫が小学生のとき、「おばちゃ、俳句つくらねばならなくなった。どうやってつくるの?」と聞いてきて、お父さん(息子)に聞けばいいって答えたら、お父さんは「おばちゃに聞けばいい」って。

その夜、雨が降って家の周りに植えてあった花も濡れて。次の朝、光が反射して花がきらきらと光っていたんですよ。なんて、きれいなんだろうと思って考えた。

「雨上がり、ひときわ目だつ花の色」

あっ、できた! それで孫にこういうのはどうって教えました。それから3、4日後だったかな、学校から帰ってきたら、先生に俳句をほめられたって。

どんな句をつくったのって聞くと、朝、登校する道に毛虫が歩いていたんだって。それを見て「毛虫さん、暑くないのか毛皮着て」と。先生、ニコニコしながら、すごくいい!って、ほめてくれたって。

都会の暮らしはお金がたくさんかかるでしょ、だから大丈夫?って、孫に質問してしまって。すると、いつも笑いながら、「うん」と返事はするけど、大変だと思うよ。ときどきお金を振り込んでやって。私の生活費なんて微々たるものだから、着るものでも食べるものでも、贅沢ということもないから。これから世の中はいったいどんな時代になっていくんだろって心配な気持ちにもなるよ。

十本の指は黄金の山

母はまったくの無学。だけどこの辺りでは珍しくない、そういう時代だったんですよ。私が小学校に通い始めると母が「今日、学校でどういうことやったの？」「あいうえおを、覚えてきた」と言うと「それ、どう書くの？」と聞かれて、綴り方を教えたんですよ。それで母は毎日、一生懸命書いて練習し、ひらがなだけでなく、カタカナも覚えてしまって。

「今日はどんなことしたの？」「わいだけ、１００まで数えたじゃ」「あっ、ほんと、１００まで数えたのか」とほめてくれて、「一を聞いたら、十覚えなさい」と言われて育ったんです。

母は羽織袴、何でも縫えたし、蒲団《ふとん》もつくっていました。ほんと、なんでも上手につくれて。「ミサオ、十本の指は黄金の山だよ。この指さえ動かしていれば、お金に困ることはないから、つくれるものはなんでも覚えておきなさい。やればいいんだ」

私のやっていることは、すべて母の教えです。小学校しか出ていない私にやれることといえば、手仕事くらい。だから、ものをつくる勇気みたいなものを母は与えてくれ、その言葉に励まされてきた人生です。

数えで15歳の夏に、母と二人、畑の草取りに行ったんです。お昼ごはんを持って。木の枝を立てて、そこに藁《わら》で編んだむしろをかけた。日があたっても暑くないようにと。下から風が入って涼しい、そこでごはんを食べたら眠気がさして母も私も寝てしまって、目が覚めると母がいない。あっと思って外に出てみると母が汗を拭き拭き、畑の草取りをしていました。「かちゃ、寝てしまったじゃ。起こせばよかったのに」と言ったんですよ。そしたら「ミサオの寝顔っこ、あんまりめんこくて、起こすのもったいなくて寝かせておいたんだ」と。

いまでもそのときの情景が忘れられなくて。ほんとに、母の愛情をたっぷりいただきながら育ったんです。母に怒られた記憶もなければ、叩かれた記憶もない。私は体が弱かったから特別、目をかけてくれていたんでしょうね。

母の死

母はほんとに手先が器用で、なんでもつくってしまう人でした。私は、いまだ、母のようにはできないわ。

何ていうのかな、私が母と同じようにやるとすれば時間がかかってしまう。たとえば縫い物をするなら、私はいちいち測ってからでないとだめで、母は目測でやってても最後はピタッと。時間をかけなくても、ちゃんとできる。あれは小学2、3年のときだったかな、母は袴をひと晩で縫ってしまったの。私は借りてきたものだと思ってその袴をはいたけど、そうじゃないとあとで知って驚いた。

明るくて仕事もできたから、いつも母の友達が家に来ていました。田植えをするずっと前から手伝ってほしいといつも頼まれる。なぜかというと、母が植えた苗は次の日、ちゃんと立っているそうです。植え方がうまかったんでしょうね、地域では評判だった。私は小さかったけど「おめ、母ちゃんの田植え、ちゃんと見てしっかり覚えておけ」と言われて。父親はいなかったけれど、地域の人たちはみんなやさしくしてくれました。

母は60代で子宮頸がんにかかり、余命半年といわれながらも放射線治療で完治し、畑仕事をずっと続けて認知症になることもなく、85歳で逝きました。最後は病院で亡くなったんです。今晩、会いに行こうと、いつも通り病室に入って「ばさま」と声かけて。ばさま、と言えば目を軽く開けるのにその晩は反応もなく、看病していた姉に「今日、ばさまと呼んでも目を開けねえよ。なんか、様子がおかしいよ」。姉は「夕飯のおかゆをちゃんと食べたし、寝ているんだね」「……したども、なんだかおかしいよ」。夜9時過ぎ、巡回の看護婦さんに「声をかけて呼んでも、目を開けねえの」と言うと、脈をとって何も言わず部屋を出て、先生を連れてきたんです。診察をして朝まで持つかどうかわからないと言われ、それから2時間くらいしてご臨終ですと。苦しむこともなく静かに息をひきとり、まったく母らしい死に方だなと。

実は父の最期もそうだったらしい。

父は私がおなかの中にいるときに亡くなったから、私は父を知らずに育ち、母から聞いたのは、父はお金を持っていれば、よその人を連れて毎日飲み歩いていたような人だったと。その話を聞いたときは、なんて悪い父親だなって思いました。でも人からいい話をたくさん聞くし、どんな父親だったんだろうなって。

姉たちから聞いたのは、父が亡くなる前、二人の姉を呼び寄せて「お母さんの言うこと聞かねば、毎日怒られるはんで、お母さんの言うことをよく聞きなさい。今度眠れば、帰ってこられないところさ行くんだ」、そう言って、その言葉通りに息をひきとったそうです。村の方々も事情をわかって「ミサオの父親は極楽浄土に行っているんだね」と。両親ともそうやって眠ったごとく成仏するってなんて幸せなんだろう。私も父や母のように逝けたらいいなと思うけど……。

すっぴん！

昔から化粧はしないね。クリームもつけないし。朝、水で顔を洗うくらい。お湯は使ったことはないよ。なんで水で洗うかって、眠いでしょ。冷たい水ならぱっと目が覚める、それだけ。

肌ツヤツヤ？　前にお客さんに言われて思いあたったのは、いつも蒸し器の湯気にあたっていることがいいんじゃないかって。それと笹には血をきれいにする力があるらしいし、何といっても津軽の澄んだ空気を吸い、山の湧き水を飲んでいるおかげもあると思う。津軽はいい所だもの。

パーマをあてたことも一度もない。母は自分の髪が薄くて、自分に似たら悪い髪質だから女の子は産みたくなかったって生前に言っていたけど。白髪染めはね、保育園の所長さんから「まだ若いのに、髪染めれじゃ」といつも言われて、55歳のとき何回か染めてみた。でも1週間ぐらいすればまた白いのが出てきて、それからはなんぼ言われてもそのまま。ずっと染めずにきました。

おふくろは〝山女〟だな

――息子・清次さんのはなし

――息子である清次さんから見たミサオさんは、どんな人ですか。

ごくふつうの、おふくろだべな。

――60歳から笹餅づくりを始められ、ああでもない、こうでもないと？

やっぱり、それなりに試行錯誤だったと思う……。夕食がすんだあとうちの台所でつくり始めて、やってるなぁぐらいのことしか、俺はわかんねぇじゃ。

『ここに技あり』というNHK番組に出たのが最初だったかな。それから青森放送や関西のテレビ局がきたり、春夏秋冬ずっと取材をしてNHKの『プロフェッショナル』や、ドキュメンタリー番組になったりして。そのころは台所でなく、山の裾野に加工所をつくって、そこで寝泊まりしながら仕事してた。俺は隣の車庫に用事があれば行くけど、作業の様子を直接見ていたわけでもないし、この自宅横の工房で仕事をするようになったのは、4、5年前からだしな。

――昔から笹餅を食べていたんですか？

子どものときは食べたことはなかったな。この辺りでは七夕に笹餅をつくるんだ。笹餅をつくり始めて最初のうちは食ったかもしんねえけど、途中からもう見飽きてしまって、食わねえ。あまりに身近すぎて。

おふくろは笹にこだわっていたよ、どれでもいいわけじゃない。ときどき笹を採ってきてくれる人もいて、だけど、大きくて見栄えがよくても筋の入ったガラガラの笹は、悪いけど、使いものにはならねえって。おふくろは若くてやわらかい、しなりのある笹を選んでいたから。そこはものづくりとして笹の品質にもこだわっていたんだと思う。笹餅を１００個（１組2個入り）つくるとすれば、２００枚の笹が必要になる。自分で笹採りに行って、大きさが同じでないとバラツキがでてしまうから、ハサミを入れて何度も洗って。年に5万個といったら、それは気が遠くなるような作業だべ。

――ミサオさんが「息子がつくる料理は私より上手だよ」と言ってましたが。

手を抜くということはあまりないな、いいことではないから。どうせやるんだったら、おいしく食べようと思うから。これは栗を蒸《ふ》かしたんだ、まずはご賞味あれ。

——ホクホクしておいしいです（縦に割った栗をスプーンですくっていただく）。

俺は、栗は〝煮る〟ではなく、〝蒸かす〟。さつまいも、かぼちゃなんかも蒸かすのさ。でんぷん質のものはゆでると水が浸透して溶けちゃうから。それで栗が冷めてからでもいいけど、フライパンでから炒りするんだ。水分が飛んで水っぽくならない。ちょっとしたことで、味が確実に違ってくる。あと、料理するうえですべてのことにいえるけど、煮すぎないことだな。ちょうどいい歯ごたえのある範囲で止めるってことも大事だ。前に泊まりがけで岩手に狩猟さ行くとき、馬のアキレス腱を煮て持っていったことがあったんだ。圧力鍋で煮ると時間があまりかからず、やわらかくはなるけど、俺は極力、圧力鍋は使うもんではないなと思っている。圧力鍋はかたいものに合わせて調理するから、やわらかいものと一緒に煮ると、ほかがドロドロに溶けちゃう。だから時間はかかるけど俺は鍋で煮るのさ。下ゆでして余分な脂を除き、調味料を加えて弱い火でコトコト煮ていくと、いい食感になるんだ。昔からいわれていることだけど、手間ひまかけるとおいしい味につながる、というのはそういうところだと思う。

――手間を惜しまず、ミサオさんの笹餅とも通じますね。

いやー、あの、うちのおふくろは俺に似たんだと思うよ（笑）。量が多かろうが少なかろうが、かける手間は同じ。通常やっているようにつくらないと同じ味にはならない。おふくろもそうだと思うけど、塩とか砂糖のパーセンテージ、そこを押さえておけば、同じ味が再現できるんだ。

――りんごを栽培していると聞きました、りんごの木を見せてもらえますか。

うん、いいよ。今年の夏、津軽も暑すぎるぐらいの異常気象で、作物が正常じゃない。米も野菜も、りんごもそうだよ（車で果樹畑に移動する）。これはトキ、収穫するには少し早いけど、かじってみる？ まだ少し渋いと思う。この木は8年目ぐらいかな。もいだら3〜5日おいて追熟させると味が落ち着いて食感もよくなるんだ。ほかにフジ、世界一（品種名）も育てていて、ハチがすごいんだ。今朝もりんごに薬をかけてきたけど、あちこちハチにかじられてしまって。俺は出荷するためにつくっているわけじゃなく、ほとんどは人にあげてしまう。身内や親戚、いろんな人に持ってげって。買うとなれば、その日の財布と相談して「今日は買うのをやめよ」って、なる日もあるかもしれないけど、もし目の前にあったならば、自由に惜しむことなく食えるべ。そういう気持ちになれるのがいいんであって。それに、こういうものを食えば、生きているって感じがするんだよなあ。

ほかに栗、ぶどう、さくらんぼ、プラムも植えてる。ノウハウ？　ぜんぜん知らねえ。ただ漠然と植えればなんとかなるだろうと始めたけど、やっぱり生きものだから虫はつくし、病気にもなる。薬は何に何回かければいいとかいう考えだったけど、それじゃダメだとわかって。いまはデーターとりながら勉強して。とくにりんごは手をかけないとダメで、葉っぱや実を観察しながら病気や害虫に備え、早め早めの対策をしていく。農家の人たちは樹木医だ。医者が人の顔色を見るとその病気がわかるのと一緒で、葉や果実の色、ツヤを見て判断するのさ。次の薬や防虫剤を的確にまいていく、ほんと、すごいよ。

——狩猟もするんですね、いつごろから？

45年ぐらいたつかな。最初はこの辺りの鴨やきじ、野鳥なんかを。いまは岩手・花巻市の鳥獣被害対策実施隊になっていて仲間と年間を通じて山に入り、鹿や猪、熊なんかを駆除して。いまは鹿がとにかくいっぱい繁殖しすぎて、大変な状況だ。射止めた動物はその場で解体して肉を持ち帰る。鹿が多くて、いつもみんなに鹿肉をあげて飽きてしまっているから、ハムはひをつくったりしているんだ。いろんな食べ方があるだろうけど、ハムはひとつのレシピ、やっぱり野生のものをふつうの料理の感覚で調理するのはちょっと無理だから。

——山といえば、ミサオさんも山に入ることが大好きですよね。

おふくろは〝山女〟だね。この辺りは山菜採りに入って遭難する人もいるくらい山深いところで。おふくろは笹採りに山に入って、いろいろ観察しながら歩いているんだと思う。どこに沢が流れていて、どんな木が育って、山菜やきのこはどこに生えるかって。小さいころから母親（祖母）と山を歩いていたからおのずと周辺の山を知り尽くしているんだね。笹もいろいろな山から採っているし、山に行きたいって言う人がいれば案内もする、山女だよ。

——正午になると金木は津軽三味線の音楽が流れますね、驚きました。

金木は津軽三味線発祥の地ということもあって、うちの父親は大の民謡好きで、俺も民謡は好きさ。津軽民謡に限らず、ほかの地域の民謡もお国訛りがあっていいもんだなと思う。いまはどこも標準語が主流になってしまって、風土や郷土の料理なんかをもっと若い人に大事にしてほしいなって思うよ。自分が育ってきたところの言葉は文化の根っこみたいなもので、心で味わう楽しみがあると思うからさ。

息子・清次さん。料理好きであり、民謡好きでもある。

第4章　目には見えないもの

10年続ければ

家の横の小さな畑にはなす4本、きゅうり4本、トマト4本。あと黒豆のささげがひと畝、それで1年食べられる分が収穫できます。こうやって自分で野菜をつくり始めたのは定年退職した60歳から。

最初はぜんぜんよく育たなくて。夫が生まれた本家では田んぼや畑、花も育てて出荷していて、その本家のお母さんに聞いたの。

「ええもん、採れないのよ」

「いま、あんた、はじめてやって、いいもの採ろうと思えば、間違っているね。作物と話っこするようにならねば、いいものは採れねえんだ」

「どういう話っこするの？」

「毎日畑さ来て見て、今日は水欲しいが、肥料欲しいが、薬っこ欲しいが、それがわかるよにならねば、いいものは採れねえ」

「それ、わかるのにどれくらいかかるの？」

「10年かかる」

いいものを育てている人は、やっぱり、それだけ苦労しているんだなって。じゃあ、いま60歳だから、10年やってみよう。それで70歳になったら白菜でも大根でも、いいものが採れて、店に出してくださいって言われるかなって。

60歳過ぎてからの笹餅づくりも、最初からおいしくできたわけではなく、5年10年とつくり続けているうちに、こうしたほうがいいんじゃないかなと仕事が仕事を教えてくれたんです。何事も本気で10年続けていれば、それなりの結果は出てくるんじゃないかって思うんです。

昔、働いていた農場で、弘前大学の先生から「料理は何をつくるにしてもいろんなスパイスが必要なんだよ。食べた瞬間、これはあの味だとわかってしまうのではなく、これは何の味だべって思う味を見つけださなければいけないんだよ」と聞いて。ああ、なるほど人を驚かせるおいしさをつくるにはだれかのまねではなく、自分なりの調合を見つけることが大事なんだって。その先生は私より年が若くて、ほんと、いい言葉をかけてくださったなって感謝しています。

十二本ヤス　目に見えないもの

金木町喜良市の山には「十二本ヤス」と呼ばれる青森ヒバの巨木があるんですよ。新日本名木100選にも選ばれ、木の幹が途中で太く膨れ、そこから12本の太い枝が分岐して天に伸びている。どれか1本枯れてなくなってしまったら、また1本出てくるといわれて、地元では御神木と呼んで大事にしています。ヒバは広葉樹ではないから葉が落ちることはないけど、その場所をきれいに掃除する人がいて。年に何回か私も行く。人が行きたいと言えば連れていくけど、とにかく、いつでもきれいにしてあるの。

神仏って、ほんとうに、あると思うんですよ。何気なくお参りしていて、これが神仏だなって感じるときがあって、不思議なんだけど、十二本ヤスもそんな場所だね。

昔、夫がメニエール病にかかって弘前大学の附属病院に入院したとき、私、付き添いで看病したことがあって。当時、保育園に勤めてたから朝5時半の列車で弘前を出て、五所川原駅で津軽鉄道に乗り換え、嘉瀬駅に。

それからバスに乗って保育園、2時間かけて病院から職場に通いました。

当時、病院のそばに「雪ん子」というお蕎麦屋さんがあって、私は蕎麦を食べるとおなかの調子が悪くなるから食べられないんだけど、これこれこうで、と理由を話して、朝、食べるおにぎりと、お昼に食べるお弁当をつくっていただけませんかとお願いしたの。その店の奥さんが親切な人で「ああ、いいですよ、だから、あなたもがんばって!」と言ってくれて。

それで夫は耳の手術をして結果がどうも思わしくない、だから再度、手術をしましょうと言われて。でも、すごく苦しんだから、夫はもう手術はしないって。先生は2回手術すればぜったいよくなるから家族から勧めてくださいと言われて、「このままではよくならないんだって。もう1回手術すれば、よくなる保証をつけるって先生が言っているよ」と伝えたら、「じゃあ、湯の沢の地蔵様に拝んで願掛けてちょうだい」と。「へば、私、病院に来られないよ」「うん、来なくてもいいから、地蔵様に願掛けてちょうだい」

湯の沢の地蔵様というのは、喜良市の小田川にある地蔵寺のことで、お地蔵様が子どもを守り、病気退散の力があるといわれているところで、冷泉がわき出ていて、火を焚いて湯にし、昔は湯治をしていた方もいました。あるおばあちゃんが身体の具合が悪いとき、そこで寝泊まりしていたらよくなったと。その方はもう亡くなりましたけど、若いころからいつも一生懸命きれいにそこを掃除していたんですよ。

2回目の手術を受ける前の1週間、その地蔵様の所に泊まって願掛けをしました。深夜12時に起きて、深い岩から冷泉のわいている池の水をかぶり、お経を唱えて。夏のお盆前で冷たさはあまり感じなかったけど、それぞれに苦しみがある信者の方がいて、お地蔵様のおかげでよくなったという人もいましたから、信心っていうものは、こういうものなんだなと。それで夫の2回目の手術は成功して、94歳まで生きました。

たまに気分転換に十二本ヤスに行くと手を合わせて。途中までは車で、細い道を歩いて登って行くとたどり着きます。その十二本ヤスの近くには珍しいカエルが生息していて、それを見に来る人もいるんですよ、葉っぱに卵を産みつけるんだって。来年の春、陽気がよくなったら一緒に行こうか。連れていくよ。

3年の修行

毎朝、仏様にお膳を供えるよ。月命日には陰膳《かげぜん》を、お花みたいに盛りつけて。

私、66歳から69歳まで寺の修行に入っていたときがあるの、その間、笹餅づくりは休んで。

修行に入る前、「おじいちゃん（夫のこと）、年の順にいえば、おじいちゃんが先に亡くなるんだよ。仏様になっても、私、お経がわがらねえし、ごはんのあげかたもわがらない。1年、寺で修行させてちょうだい」「うーん、1年が」と納得してもらって。保育園で一緒に調理をしていた先生と、もうひとり、青森市内の女の方がいて三人で寺に入って、私が一番年上だった。

そこは青森で一番大きな曹洞宗の寺院で、檀家さんもたくさんいて、毎日、追善《ついぜん》供養にお供えするお膳と、檀家さんに出すお膳づくりをしていたんです。朝、掃除をして、料理をつくって、午後は明日の準備をして、お経もあげました。最初は1年のつもりだったけど、3年いることになってしまって。

それで、ある日二人が休んだんです。ひとりは前々から休みをとっていて、ひとりは風邪をひいてしまって。その日は、私ひとりで料理をやることになって。住職の奥さんが手伝います、と言ってくれたけど、「今日のお膳の数はあまり多くないから、私ひとりで大丈夫です」と。

なぜ、そう言ったかっていえば、2年間お膳をつくってきて、花が咲いているようなお膳をつくってみたいなあと思っていたから。それで「冷蔵庫にあるもの、使ってもいいですか」と奥さんに聞くと、どれでも自由に、好きなように使ってくださいと。それでやりたいようにつくってみた。

月命日の檀家さんがお参りに来て、その人が今日のお膳を見て、何かいつもと違うし、食べてみたくなって食べたんだって。そしたら、その人はそのまま帰らず、奥さんのところにわざわざ顔を出し、「今日のお膳が珍しくて、食べたらおいしくて、おいしくて」と感想を語ったんだって。檀家さんが帰られたあと、奥さんが様子見に行ったら、なるほどなと思ったらしい。晩のごはんを食べているとき「桑田さん、今日はすごい日であった」って。これこれこうで常光寺が始まって以来だって言われて。そのとき、ああ、そうなんだ、たいしたものではないけれど、真心というのは、神仏にちゃんと伝わるものなんだなと思いました。

それから夫の体の状態があまりかんばしくなく、住職に辞めることを告げると「桑田さん、なんぼ休んでもいい、ここに来られるときだけ来るようにして、〝辞める〟ということだけは言わないでください」と言ってもらって。

毎朝の日課、木魚を叩きながら般若心経を唱えて祈るんですよ。

朝の日課

「神様、頼みます」というのも悪いわけではないけれど、神仏は自分自身の中にあるものだと思うんです。

これは毎朝、仏様にお供えするお膳。私の気持ちとしては、お釈迦様と弟子の道元禅師様、瑩山《けいざん》禅師様のお三方に向け、「一生懸命、私ができる限りのことはします。亡くなった方々はいかに罪が深くてもその罪をお許しください」と手を合わせて拝むんです。

山の裾野のほうの加工所で寝泊まりしていたときは、おじいちゃんの月命日の日は必ずお弁当をつくって、お墓と実家のお仏壇に供えていました。お弁当も、お花のように飾って。自分で言うのもなんだけど、これをつくるのは並大抵ではないんです、けっこうな手間と時間がかかって。

以前、息子に1カ月だけ、都合のいいとき、お膳の写真を撮ってちょうだいと頼んだことがあって、それを見ると一日として同じものはなかったんです。たらの子でのり巻きをつくったり、おからに味をつけてのりで巻いてみたり。さつまいもはやわらかくて自由自在でしょ、だから青いしその葉っぱで巻いて油で焼いたり。自分でもびっくりしました。納豆とスライスしたりんごを組み合わせたり、なしとなすを油炒めしたり、青いトマトを塩漬けして黒豆と一緒に盛ってみたり……。

目の前にあるもので、自由な発想でつくるのは得意なんです。こういうことがすごく楽しめる、だから一日も休んだことはないよ。明日は何と何を使って、と考えていてもその日になれば、その材料でぜんぜん想像のつかないものができる。よく考えれば、仏様がこうして導き、教えてくれたのかもなって。

今日は夫の月命日だったんで、陰膳と追善にお供えする膳のふたつをつくってお供えしました。私が食べてしまってもうないけど、こんな感じ。さつまいも、にんじん、これは凍み豆腐、青みをここに入れて、根曲がり竹をこうして盛ったお煮しめ、これは自分で漬けたきゅうり。仏様だって漬物が食べたいんじゃないかなって。これは柿、りんご、梨の酢の物、ここにあと黒豆の煮豆、ごはんとおつゆ。

もし、神仏がこの世にいるとすれば、神仏は私を受け入れてくれているのかな……。

神仏というのはいないと思えば、いない。困ってしまったとき、神様頼みます、と言うのも悪いわけではないけれど、神仏は自分自身の中にあるものじゃないかなって。いくら信仰しても、不平不満を抱えているようでは救われないんじゃないかな。大切なのは自分自身で。

物事は自分の受け取り方ひとつで、何とでも取れる。不安や怒りを感じるときは、自分がいまも未完成だからこういう気持ちになるんだなと考えます。

十文の女に三文の男

戦争のときは母と二人、畑や田んぼの仕事をやっていました。なんぼ米をつくっても国に取られてしまい、じゃがいも、大根をごはんに混ぜて炊き、かぼちゃはおやつ代わりというふうで。私は勤労奉仕はやらなかったけど、兵隊として出征する人がいれば歌を歌って旗をふり、千人針は必ずやらせてもらいました。みんなやるべきものだと思っていましたから。この辺りの男の人たちはみんな徴兵検査を受け、ほとんどが出征していきました。夫となる喜代成も20歳で検査を受け、いの一番に出征していったんです。入る部隊によって出征先はばらばら。夫は広島の部隊に入り、中国だったか朝鮮だったかに渡り、上海辺りにも行ったと聞きました。当時、日本領だったティモール島で終戦を迎え、それから1、2年が過ぎ、最後の引き揚げ船で帰ってきたんです。戦地でマラリヤにかかってガリガリに痩せ、帰ってきてからも高熱が出て、そのたびに注射を打ってもらい5カ月ぐらいが過ぎたころ、私は19歳で結婚をして。

小学校5年のとき、母が再婚して桑田家に私を連れて入り、戦争から帰ってきた喜代成とは話をするということもないまま結婚させられると聞いて、結婚するのは嫌だと母に言ったんです、あまり気が進まなくて。すると母は、「十文の女に三文の男でたくさんよ、男はそういう格をもって生まれてきたんだ」と諭されて。十文というのは申し分がない完璧な女のことをいい、男という格をもって生まれてきたなら、そこそこの男でたくさんなんだ、と。大勢の人が戦死して年頃の男の人は少なく、お国のために尽くしてきた人だって言われたらもう何も言えず、それで親の言葉に従う、そういう時代だったんです。それで結婚して一緒になってもあまり話すことなく、けんかをすることもなかった。口ごたえなんてするべきでもないと思っていたし。夫は働いてはいたけど、どれくらいお金をもらっているのかは、知りませんでした。納めなければいけないお金のこととかも全部夫がやっていて。

結婚した翌年長女が生まれて、2年後長男を出産し、その産後が大変でした。体全体が痛くて、息をするのもつらい。お医者さんを呼んで診てもらうと胸膜に水がたまっているって言われて、それはもう言葉にできないくらいの、大変な苦しみ。

産後、肋膜炎で助かる人はいないと言われていた時代で、もうすぐ死んでしまうのなら、この子に一生分の愛情を注がねばと、吐き気で食べられないごはんを少しでもいいからと必死で食べて、お乳をあげました。3年ぐらい仕事もできず、少しの田んぼがあったから食べられたけど、生活していくのがやっとでした。子どもが学校に通うようになると「うちはお金がないから、友達が持っているようなものは何も買ってあげられないよ」と言い聞かせていたくらいです。ほんとに貧乏な暮らしだったんです。でもね、それがどれだけ役に立っているかって思います。お金がない、それを考えて過ごしてきたからこそ、いまの自分があるんだろうなって。

家の裏のコスモス。
ミサオさんは花好き、ひまがあればいろいろな花を植えている。

お仏壇にお膳を供えるのが日課。
般若心経を唱えてお祈りを。

月命日は陰膳を供える。
ある日のお供え。左はきゅうりの漬物と杏漬け。
右はたくあんとみょうがの赤じそ漬け。

ミサオさんが手がける畑。
カメラを向けると、おちゃめなポーズを！

知人から「元気？」との電話が入り、
しばし、話し込み中。

息子・清次さんが育てているりんご。

収穫したばかりのりんご。
熟しきれておらず、若干渋みが残るので、皮をむいて調理。

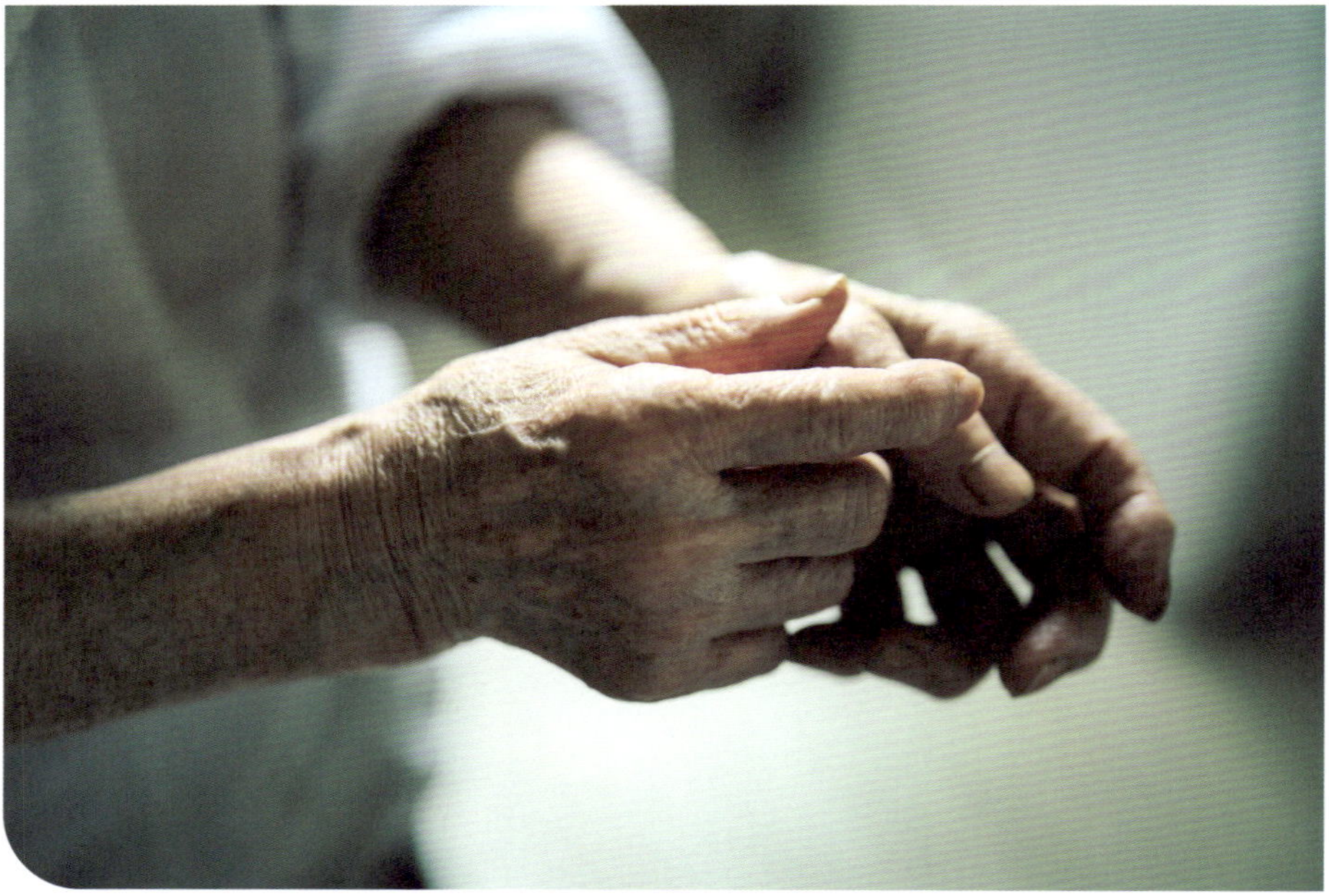

長年、働きつづけてきた手。

「幸せって、結局、自分が思う気持ちじゃないのかな……」

津軽の冬は雪深く、寒さがきびしい。
ミサオさんが編んだ帽子とセーター。冬は毛糸のものが一番あったかいと。

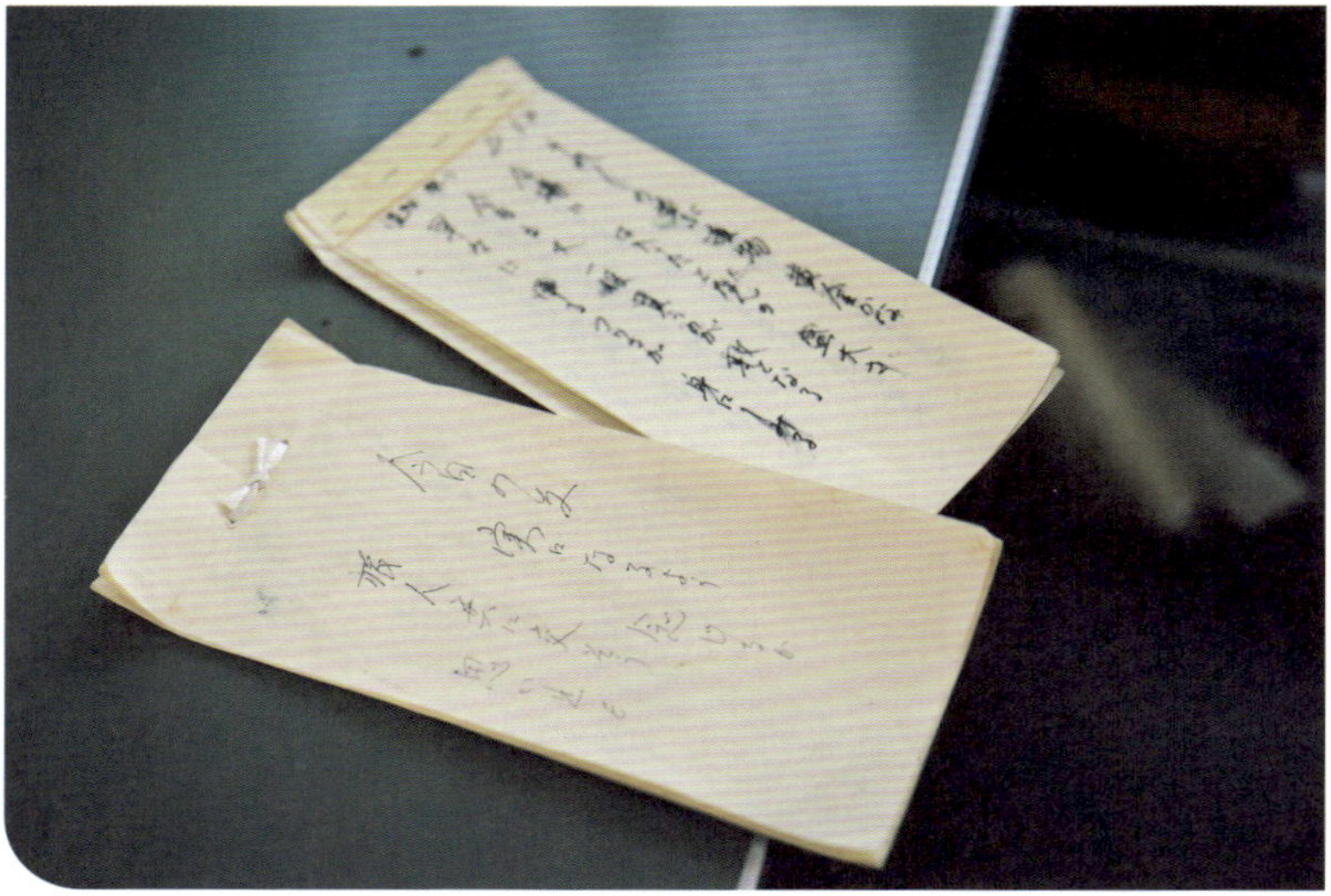

俳句を綴った句帳。
母のことばかりを詠んだ句帳もある。

母の写真を眺めて。
「体が弱かったから、母の愛情をたっぷり受けながら育ったんだ」

ご主人が植えたというグミの木、立派に大きく成長。
6月、ちょうど実が食べごろだった。

大粒のグミの実。
酸っぱさがやや残る味。

「十二本ヤス」と呼ばれる青森ヒバの御神木。
12 本の太い枝が分岐して天へと伸び、神聖な雰囲気が漂う。

もちつ、もたれつ

私が結婚した当時、この地域は戦地からの引き揚げ者が多くて、うちよりもっともっと苦しい思いをしていた人がたくさんいました。ずうっと続く野原で、終戦後そういう人たちが集まり、小屋が100軒くらいあったんです。

うちはお金の不自由さはあったけど、田んぼが2反分あったからなんとか食べることはできました。けれど、引き揚げの人たちは、食べるお米もなかったんですよ。そういう人が、うちにお米を借りにきたこともありました。私はその貸したお米を返してと催促したり、取ったこともないです。だってそうでしょ、家族が4人もいたら大変で。最初から「返さなくてもいいよ」とは言わなかったけれど、そういう気持ちでお米を渡していました。

それでお米を借りていったお母さんがいて、そのことを息子さんに教えているわけではないと思うけど、そのお母さんが亡くなり、息子さんが東京から帰って来てそこで暮らし、私が無人販売所にお餅を出したとき、その息子さんが野菜を買いにくると、私のお餅を1回でも買わなかったことはなかったんです。会計係がひとりついていたから、売れた様子なんかをあとで聞いたりするとね。

地域の方がお餅を買ってくれたり、注文してくれていたから、私はこうやって続けてこられたんです。いままで商売をしていて嫌なことってひとつもなくて。いつも、ありがたいなあと思っていて。貧しい人もいっぱいいたけど、もちつ、もたれつ、不平不満もなかった。この地域はいまだにそういう助け合いがある地域です。そういう世の中だば、いいなと思うけど。

新聞やテレビのニュースで女性や老人からお金を奪って逃げたとか、人をだまして大金を取った話なんかを聞くと、なぜだろうって考えます。子どもが、親、祖父母を殺してみたり、逆の場合もある。いったい何がどうで、ああなるのか。なんでだと思う？　何をどうしたらいいのか、そこの答えがなかなか見つからなくて、わからない。ショックだし、かわいそうだなっていつもそんな気持ちになるんです。

農場で働いたこと　その1

金木には弘前大学付属の金木農場があって、保育園で働く前、27歳から約10年そこで仕事をしていました。

二人の子どもに恵まれましたけど、相変わらずおなかが痛かったりで、それで近所の人が「おめも、少し農場で働いたらどうか」って声をかけてくれたんです。体を動かせば少しは丈夫になるんじゃないか。日給ももらえるし、貧しかったから心配して。

弘前大学付属の金木農場はその昔、修練農場だったところで、田んぼや畑のほかに、牛や豚、馬、鶏の家畜がいて、勉強しようと思えば、いろんなことが学べるわけですよ。

週に1回、学生たちが農場実習に来ていました。それであるとき、なすの苗を目にしながら「これ、いつ移植したんですか？」と助教授から聞かれて、職員がいつ、いつと答える。「じゃあ次の実習のときは、定植できますね」と助教授。私は移植も定植も知らなくて、昼の休憩時間に辞書で調べました。移植とは植え替えることなんだ、定植とは定まったところに植えることなんだと、はじめて学んで。

最初は田んぼのほうの仕事をして、そのあと希望して畜産の仕事を4年しました。家畜の世話ははじめてで、何を飼ったらいい収入になるのか、何か適したものがあれば今後生きていくための手立てになるかもしれないと思って。

畜産の仕事に移ったとき、私とそこで一緒に仕事をする三上さんという新しい人が入ってきて、三上さんは学校を卒業したばかりで、いいところの暮らしをしている子どもさん。これをやれと言われてもすぐにはやらないというか、できなかったというか。実は上の方の知り合いで入ってきたことをあとから知って、いまでいう発達障害がある人だったみたいです。

家畜に食べさせる草を刈ったり、小屋を掃除したり、私も三上さんもはじめてやることばかりで、なかなか思うように仕事が進んでいかない。「三上さんも、私も、しょうがないなあー。でも、がまんすべ。私たちは私たちのやり方でやってみるべし」「少し時間がかかっても、草を刈る研究をしてみるべし」。カマを研いでもらうときは「ちゃんとカマを研ぐのを見るべし」と声をかけて、じっとその様子を眺めた。

ときどき名指しで三上さんのことを乱暴に言う人もいて、そうすると私のことも言われている感じがして、三上さんに「がまんすべし。……私たちできねえんだ、しょうがねぇべえ、がまんすべし」と。そのうちに三上さんも「うん、うん」と私の言うことに少し耳を傾けるようになって。あるとき、牛小屋から糞を出す作業をしながら「がんばってやっているうちに、早く一人前になるべしな、頼むじゃ、三上さん」とそんなことを話していたらある教授が通りかかり、小屋の外でそれを聞いていたらしくて、「桑田さんがいい話っこしているから、僕、遠慮したんだ。三上さんをよろしく頼むな」と、あとから言われて。

牛の乳しぼりもここではじめてやって、ああ、こういうふうにしぼるんだって。外で働くこと、やったことのない仕事もして、とにかくいろんなことが勉強できました。

農場で働いたこと　その2

畜産の仕事をして思ったのは、生きものの世話はほんとに大変だなと。朝晩、水をあげてエサをやったり、汚物処理をしたり。当時、牛は10頭ぐらいいたかな。ほかに豚と鶏がいて、私は主に牛の世話を。エサをあげるだけでなく、ときどき、牛の肌っこもよくしてあげないとだめだから、その大きな体をこすってあげたりもしました。

それで牛は私のことをわかっているのかなと、わざと牛の顔のところに自分の肩を寄せてみて、すると牛はじっとして、動きもせず、大きな目を開いたまま。「どう？　ちゃんと私を見てくれている？」牛は何も答えないけど、耳を傾けて反応しているふうで。待っていろよ、と言えば、待っている感じだし。なんぼ牛でも話しかけたり、触ったりしていると、情もわいてきて。牛は体が大きいから大変でしたけど、牛と豚と鶏を世話していて、かわいいと思ったのは牛です。

毎日、ツーツーと乳しぼりをしながら「今日は少ないね、ちゃんと食べたのか？」と牛に声をかけてみたり、一緒に世話をしていた三上さんに「何しゃべってんだが」とあきれられて。「三上さん、もう少しかわいがってやって」と言うと、「桑田さんのようにはいかねえじゃ」と。モーと鳴けば「ほら、三上さん、牛が呼んでいるよ」、そういう話っこしながら牛の世話をしてました。

春になると牧場にはいろんな花が咲いて、それがまた、きれいで。だけど、その草花の名前がわからない。それで職員に聞いたんです。だけどだれも知らない。

すんごく、きれいなんだけど、名前がわからねえじゃ……。

町長さんが来たとき、同じことを聞いたんです。「それはペンペン草（ナズナ）だよ」と教えられて。雑草と呼ばれる草でも、花が咲いている姿を見れば、どんな植物でもきれいで、そんな風景を眺めながら仕事していました。

山、大好き

私、山が好きなもんで。四国のお遍路に行ったときは、なめらかな山にいっぱい果樹が植えてあって、こういう山もあるんだなと感心して。

こんなに山を好きになったのは、やっぱり母の影響が大きいと思います。子どもを４人育てた母は、その季節ごとに山からいろんなものを採ってきて食べさせてくれました。小さいころは母と一緒に山に入って、やがて母が高齢になり、ひとりで山に行くのは危ないから、また一緒に行くようになり、いつのまにか自分が高齢になり、息子にひとりで行くなと言われるようになってしまって。

あれは50代のころだったかな。夫と山に芝集めに行き、私が尻もちをついたんですよ。それで腰と膝を痛めて病院通いをしていたら、リハビリの先生に「桑田さん、山が好きなんだろ。じゃあ、ここさ来ることねえ。山歩きは、ここに10回来た分の効果があるんだから」と言われて。山の土は弾力があって傾斜もある、足腰を鍛えるには最適だって教えられてからは、ますます山に行くようになって。春は山菜採り、夏は笹採り、秋はきのこ採り、ぜんぜん飽きない。山はいいですよ。小鳥のさえずりを聞いたりしていると気持ちがいやされて元気になっていくようで。春、山に入ると木の芽がどんどん大きくなっていく様子を見て、自然ってすごいな。このなんでもない山の土の中に、いったいどれだけ肥料的なものが豊富にあるのかって考えてみたり。

山好きの仲のいい友達がいて、よく言われるんですよ。ひとりで笹採りに山に入って川に落ちてケガでもしたらどうするんだ、ひとりで行かないようにしろと。私もそう思うけど、私にも山のたのしみっこがあって、人と行くのもいいけど、自分ひとりで行くのがいいんだと言ったら、「そうだな、相手があったらダメだもんなあ」とうなずいてくれたんだけど。とにかく山さ行くと、いやされるんだ。

きのこ、きのこ、きのこ

山が好きな人は、どうしてもきのこ採りに行きたいわけさ。おいしそうなきのこがいっぱい生えていると、時間も忘れて夢中になって採っているよ。

きのこって一回きりしか生えてこないということはないの。同じ場所に6、7年ぐらい続けて生えたりする。そうでないときもあるけど、3、4年はそこで採れる。

母もきのこ採りが大好きで、よく一緒に山に入りました。母と歩いた山できのこを見つけると、ここで私が来るのをじっと待っていてくれたのかなと思って、妙にうれしくなったりする。

採ったきのこはうちで食べる分は少しあればいいから、ほとんどは人にあげてました。保育園で一緒に働いていた先生方とか、ご近所さんに。「桑田さん、山さ行っているんだよな」という話が出ると、「ああ、行っているよ。いいよ、山に連れていくよ」と、人を連れて山に行ったりして。きのこの時季なら、おおよそ採れる場所の検討がつくからその辺りに。するとみんなのリックサックがいっぱいになって、「喜良市の保育園のおばさんさ、山に連れていってもらえば確実だ」ってが、みんなが言っていたそうです。熊注意って看板が出ているけど、熊に合ったことはないね。

それは万年茸っていうの、10年くらい前に山で見つけて。めったに採れないんだって、山を歩いている方に教えてもらいました。そのまま見逃すのはもったいないから、うちで飾っておこうと採ってきて。ここまで大きくなるには何年もかかるんだって、たまに水をやったりしているんだけど。

これは、きのこと菊のおひたしだよ。ここに入っているきのこは、「イグチ」とこの辺りでは呼んでいるもので、正式な学名はなんていうのかな……、調べたことがないからわからないけど。

菊の花びらをはずしてさっとゆでる。きのこもゆでる。しょうゆとみりん、焼酎、粉昆布を混ぜて、そこに水けをきった菊ときのこを入れて一晩おいて味をなじませます。昆布がトロトロになって、きのこと菊がからんでおいしくなるの。笹餅をいつも注文してくれる方に、「田舎のもので、お口に合わなければ捨ててください」と小さな容器に入れて送ってあげたら珍しいって、とっても喜ばれて。ほかにも「これ、大好き」っていう人がいるくらい、楽しみにしている人がいるんです。

★粉昆布とは昆布を細かく粉に挽いたもの。青森ではよく使われている。

花とともに

この間、下り坂を歩いたら転んでしまって、こっちの足は血が出て、こっちは血が出なかったんで大丈夫かと思ったら、こっちの血が出ないほうが、かえってあとから痛くなった。先生がね、動かないと動けなくなってしまうからって、それで、できるだけ歩くようにしているけど、バランスくずして骨折でもしたら大変だから、いままで以上に気をつけて歩くようになった。

前はひまさえあれば、うちの周りに花を植えてたよ。サルビア、ペチュニア、朝顔……、このコスモスは去年いっぱい花が咲いて、種がいっぱいできて、こぼれた種から自然に生えてきた。ほっとする花だよね、素朴で。コスモスの花って案外長持ちで、花瓶に挿して4日は大丈夫だった。買ってきた花よりいいなと、飾ってみてはじめてわかった。これだけ生きてきて、知らないことってまだまだあるんだなって。

昔、保育園に勤めているとき、生け花をやっている先生が、金木の公民館で夕方6時から8時まで生け花を教えてくれるというんで自転車で通ったの。雨が降ればかっぱ着て。花を生ける基本だけでも覚えたいと思って。それで、いまも自分なりに花を飾るんだけど、年をとって、お仏壇の花の水を取り替えるってひと苦労だよ。でも、なるべく花もきれいにと思ってさ。花は心を和ましてくれるからね。

私、こういう状態になったから施設に入りたいと先生に言ったら、「入るところがないんだよ、桑田さん」って。高額のところなら、なんぼでもあるんだけど。高額ってどれくらい？と聞いたら、先生、笑って何もいわなかったけど。

もし施設に入ったらただいるんじゃなくて、わからないことがあったら介護職員の方、だれにでも聞こうと思っています。いまは英語のことばがいっぱいで、何言っているのかわからない。「それ何のことなの？」教えてもらえれば、話題にもできるし。そういう生き方が、私の求めるもので、それしかないように思う。私、まったくの無学だから、何かを学びたいなと思って。仮にあれやりたい、これやりたいではなくて、まだ、何か教わることあるんでないかって、見つけだすことができるんでないかな……と。欲望といえば、欲望。

背負いきれない財産

これは、学生さんたちからいただいたお手紙とかいろいろ。

人生は思いがけないことばかりだけど、まさか、こういうことがあるとは思わなかった。ほんとに、私みたいなものが、皆さんに支えられて、感謝の思いでいっぱいだよ。

84歳になったとき、農山漁村女性・シニア活動表彰で「農林水産大臣賞」をいただくことになり、その審査のために津軽のストーブ列車に乗車したり、加工所にいらしたのが東京家政学院大学の上村協子教授でした。

授賞式は東京まで出かけ、その翌日、東日本大震災が起こったんです。新幹線で新青森駅に着き、迎えにきた娘の車に乗って五所川原で給油しようとしたら停電で、そこで大きな地震があったことを教えられて。揺れましたけど、うちのほうはそんな大きな被害もなかった。

1週間後、上村教授から大丈夫ですかって電話がきたんです。何回電話しても通じないからと心配して。東京も大変だったでしょと聞くと、散在したものを学生たちに頼んで片づけるのに2日かかったって。それなのに、こうして電話をくれたことに涙が出てきて、そのときはそれで電話をきり、あとから上村教授の自宅のほうになんぼかの笹餅を送ったんですよ。そしたら上村教授はそれを生徒さんたちに食べさせ、生徒さんからお手紙をいただいて。

おいしかったっておほめの言葉や、いま東北は大変な事態になっているけど、元気をだしてがんばってくださいとお気遣いの言葉やら、ある生徒さんの手紙には、笹餅をがんばってつくってくださいと書いてありました。

そうなんだよなあ、私にできることっていえば笹餅だな。

被災地の方に、この笹餅を食べてもらうにはどうしたらいいのがな。

それで上村教授に手紙を出したんです。千羽鶴の代わりに、1000個の笹餅を被災地に差しあげたい。私には、どうしたらその1000個の笹餅を贈ることができるのかがわからないので、いい知恵をお貸しくださいと。すると上村教授が一生懸命になって久慈高校、高田高校、山田高校に連絡をとってくれたんですよ。それが夏近くで気温が高く、食中毒が起きたら大変だから時期を検討しましょうとなって、翌年の3月、卒業式にあわせたらどうかということに決まり、3校に笹餅を贈りました。すると、皆さんからお礼のお手紙をいっぱいいただいて。私は皆さんに長々と返事を書くのは無理だから、ひと言ずつだけど葉書に書いて送ると、その葉書をまた学校でひとつにまとめたファイルをつくってくれたりして。

ある男子生徒さんからは、「ミサオおばあちゃんは75歳で起業した。僕たちはまだ若い。僕たちに希望を与えてくれてありがとう。より以上、復興させることに努力します」と。餅1個食べてこういう気持ちになってくれたのか、なんていい生徒たちだろうと、ワーワーと声をたててひとり泣きました。励ますつもりが、逆に、私のほうが励まされてしまって、だからがんばって3年続けようと、3年間贈りました。3年目の最後は、高田高校に前日つくった笹餅を直接届けて。

こうやって皆さんからいただいたお手紙や写真は私の財産です。これをちゃんと整理しておこうと思っていて。いつこの世を去るかはわからないけど、私が死んだら、この、皆さんからの心尽くしのものを私と一緒に焼いてちょうだい、と家族にはお願いしてあるんです。この背負いきれないほどの財産を、背負いながらあの世に行きたいと思って。

グミの実を食べながら

山の裾野の加工所の横には八重桜の木があって、桜が咲くと写真を撮りにくる人もいるくらい、それは見事なんですよ。これはうちの夫、おじいちゃんが、いまの家を建てるとき、ここに移植した桜。木の根元に米ぬかをまいて。それがいい肥料になったのかはわからないけど、きれいな花が咲くようになりました。

それで短歌を詠んでみようとつくったのが、「植え主は浄土参りと去りゆけど、我をなごます八重桜」だった。何も考えることなく、しゅっと言葉がわいてきて。

そしたらね、その桜があまりにもきれいだと思った人がほかにもいて、大きな機材を持ってきて撮影し、テレビにそれが流れたんですよ。その映像とともに私の歌を乗せて。それを俳句の会の方が見ていて「ミサオさん、あんたずいぶん、歌が上手だな」ってほめられて、そんなこともありました。

この山の加工所は、息子が車庫をつくるからって、ならば笹餅をつくる所も一緒につくってと頼んで。それまでは家の台所で笹餅づくりをして、家族に迷惑をかけていたから。夕飯の片づけを終えてから作業を始めて、夜中過ぎまでかかってしまうし、翌日は朝6時に無人販売所に持っていく、そういう状態であったから。

その加工所ができてからは、はじめは通いながらでしたけど、そのうち寝泊まりしながら笹餅をつくるようになって、10年ぐらい、ひとりでいました。

いま自宅の横にあらたに加工所を設けたのは、夜、夢を見たんです。亡くなった夫が家に戻って来なさいって。いま思えば、お嫁さんが病気になって、看病するためではないけれど、あの機会にここへ帰ってきてよかったなと思います。この加工所も息子が用意してくれて。

すぐそばの畑のとうもろこしは姪が育てて、ここのじゃがいもは娘が育てています。この辺りには家がなくなってしまったけど、私が小さいころは林があって野山を駆けまわり、野いちごや木の実を採って食べたりして。貧しかったけど、ほんとに、たのしい毎日だった。

ここにも夫が植えたグミの木がある。いま、ちょうど実がなって食べごろだね、これ、おいしんだぁ。昔、グミを食べるために友達と野原を歩いたりもしたけど。実が大きいね、昔、食べたのはもっと実が小さかった。

……うん、ちょっとすっぱいな、煮ればジャムになるんでないかな。

夫は6年ぐらい病院に入院していて94歳で逝きました。火葬するとき、私、夫に手紙を書いたんだ。その文面、いまでも覚えているよ。


おじいちゃん、今日、とうとう行ってしまうのね。

だったら西へ、西へと向かって行ってね。

西は極楽浄土に着くことができるから。

さびしくなったらいつでも迎えに来てね、待っているから。

西へ、西へ、と迎えに来ればすぐに行けるようにしておくから。

幸せなことって……

わからないことって幸せなことよ。

そういう気持ちで人生を送っていれば、きっといいことあるわよ。


あのね、私の人生、わからないことばっかしであった。

「わからないことがあったら、だれにでも聞きなさい」と母に言われて育ったでしょ、だから、わからないことは聞いた。そのときすぐ、それを実行しているわけではないけど、心にもっているということが大事で、聞かなければだれも教えてくれない。聞くは一時の恥、聞かぬは末代の恥ということわざがあるくらいだからね。

それで「1を聞いたら10を知りなさい」と母に教えられて、それがいまの生き方につながっていると思う。母が言っていたのは、こういうことだったのかなって歳をとってから、そう感じるようになって。

何が幸せかって？

……それは、自分自身でないだろうか。

この仕事していなかったら、ぜったいなんぼでもお話ができそうにない方々とも、私はお知り合いになれたし、光栄なことだったなって。

みなさんに、いつも感謝の思いでいるんだけども、幸せっていうのはね、結局自分が思う気持ちじゃないのかな。

嫌いな人って、いないね。

たとえば、嫌なことを言っていると聞いたら「そうなんだよなあ、人間って、みんなそうなんだよな」と。噂は噂と受け止めて、自分で注意するところは、注意しなくちゃと思う。

物事はさ、なるようにしかならない。

みなさんが、よくほめてくださる。

私としては、ほんとにそうなのかな、と。お世辞というものがあるから、ありがたいと思って感謝しています。

亡くなった友達にその話をしたら、「お世辞でもいいから言われてみたい、私自身はそうなのよ」と言われたとき、「あ、なぜ、悪いこと言ったんだべな」と後悔しました。

以来、なるべく「あ、ほんと？　ほんとにそう思うの？」と笑いながら言う。そうすれば、みんなで笑うことができるからね。

ほんとに人生っていろんなことがあって、みんなに支えられて生きてきました。

いずれはだれでもこの世を去る

いままで歳を考えずにきたけど、老いるということは1年でこんなに違うんだって、96歳になった自分がそう思っています。

どうも、このところ体の調子が、なんかおかしくてね。

年のせいにばかりしてもダメだけども、いまのことはすぐ忘れてしまう。けど、昔のことを思い出せないというのはない、子どものときのことは鮮明に覚えていて。母と暮らした日々のことはぜんぜん忘れてないよ、いつも母と二人、私にはそれしかないから忘れることがないんだ。

私は小さいころから持病があって、おなかが痛くなるといつも母がおぶって病院さ連れて行ってくれたの。母は信仰深い人で、お寺に行くときは私も連れられ、和尚さんの説法を聞きました。おとなしく正座しているけど、子どもだから目立つんだよね、和尚さんが頭っこなでてくれて。いつも正座していたから、いまでもごはんを食べたり、テレビを見るときも正座だよ、そのほうが体が楽で。

息子から携帯を買ってあげると言われるけど、いやいや、いりませんと。使い方を教えられても、使うことができないし、聞いてもすぐ忘れるよ。記憶力というのかな、それがだんだん薄れてきていて。

娘は70歳過ぎだけど、毎晩電話をくれるんです。私がお風呂に入っているときに電話がくれば出られないから、倒れているんじゃないかって心配して。自分の子ども（孫）に電話をして、孫が「大丈夫、いま、ばさまと話をして帰って来たばかりだから」と。

娘には、何も心配しなくていいと言うの。心配してくれるのはありがたいけど、もう96だよ。いずれはだれでもこの世を去る、これが当たり前のことだ。たとえ倒れて死んだとしても悔いないよ、歳なんだから、電話を毎晩しなくてもいいし、何も心配することはないって。

病院の先生はこう言うよ。

「桑田さんは悪くなったからって、そう長くみんなに心配させることはないよ。いままで何十年ってこうして人を見てきているけど、桑田さんのようにいつも体を動かしている人は、ちょっと調子がおかしくなったとすれば、すぐにあの世に行けるようになっているから。だから安心して」

だれもがそう願うけど、なるべく迷惑をかけないように逝きたいと私も願う。振り返れば60までは与えられた仕事をして生きてきました。それが60を過ぎてから笹餅づくりに出合って、私《わ》にもできるんだと思って。何にでも挑戦してきて、いまの自分がある。

笹餅をつくっていたおかげで、いろいろな方と出会え、いろいろな場所にも行って、かといって98、99にもなって、だれがだれだかわからなくなって、いまでもこれが痴呆なのかなって思うときもあって、そういうふうになる前に、思い出という素晴らしい財産を背負って静かに逝けるようだったら、このうえない幸せだと思うよ。

この指、曲がっているべえ。指が痛くて、手がきかなくなってきているんですよ。マッチでガスの火をつけるのを見て、大変でしょと言われるけど、チャッカマンで火をつけるほうが苦労するよ、指痛くて。これもひとつの職業病みたいなもので、かっこわりなあ。

笹餅をつくらなくなってから、何を求めれば悔いのない人生を送れるのかと考えるけど、難しいな……。でもまあ、生きていれば、自分に起こることすべてが勉強だと思うわ。

それと何事もあきらめないことだな。これもだめだじゃ、あれもだめだじゃ、とすれば何もできないから、あきらめないことだわ。

もう思い残すことは何もない、その準備をして死ねれば最高だな。

背負いきれない財産を　見せてあげたや浄土の母に
恵みかなうその日まで　十《と》指《ゆび》で積もる黄金の山

桑田ミサオ

著者　桑田ミサオ
撮影　衛藤キヨコ
構成・文　水野恵美子
デザイン　名久井直子
校正　共同制作社
DTP　髙栁愛弓
編集　八幡眞梨子

笹餅おばあちゃんの
手でつくる暮らし

2025年2月28日　初版第1刷発行

著者　桑田ミサオ
発行者　秋尾弘史
発行所　株式会社 扶桑社
〒105-8070　東京都港区海岸1-2-20　汐留ビルディング
電話　03-5843-8583（編集）
03-5843-8143（メールセンター）
www.fusosha.co.jp
印刷・製本　TOPPANクロレ株式会社

掲載されているデータは、2025年2月5日現在のものです。
　ISBN978-4-594-10004-9